Kolofon

©Mathias Jansson (2014)

"Drönare, memes och Black Metal– essäer om samtidskonst"

ISBN: 978-91-86915-15-5

Utgiven av:

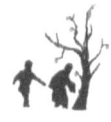 "jag behöver inget förlag"

c/o Mathias Jansson

Tvärvägen 23

232 52 Åkarp

http://mathiasjansson72.blogspot.se/

Tryckt:L ulu.com

Essäerna har tidigare varit publicerade i Tidningen Kulturen och Konsten.net.

Innehåll

Nakna människor på konstmuseum 3

Spindlar i konsten 8

Spår av smutsiga fingrar 13

Drönare i konsten 16

Jag arbetar med min roman och andra böcker i konsten 23

Den stora översvämningen 30

Eternal September och andra memes i konsten 35

Pipor, cigaretter och fimpar i konsten 45

Del II 51

Black Metal i samtidskonsten –essä och intervjuer ....

En våg av svartkonst 52

Om ljuset tar oss 60

Black thorns in the white cube 67

Nordic Darkness 73

Daughters of Valhalla 78

Svartmässa på Bragegatan 15 i Malmö 82

Pagan Postcards av Johan Bergström 86

Black Metal som frusen keramik 90

Med en Panzerfaust rakt in i konsten 95

Nakna människor på konstmuseum

På ett konstmuseum är det ganska vanligt att du möter nakna människor. Några av världens mest kända konstverk består av nakna människor som Michelangelos Davidstaty, Botticellis *Venus födelse* och Manets *Olympia*. Gustav Courbets målning *Livets ursprung* som visar en kvinnas kön i närbild hänger till exempel på Musée d'Orsay i Paris. Att Courbets tavla nyligen hamnade i nyheterna berodde inte på själva motivet utan på att Deborah de Robertis en konstnär hemmahörande i Luxemburg återskapade konstverket i en performance med titeln *Mirror of Origin*. Vad Robertis gjorde var att hon satte sig framför tavlan och blottade sitt kön för de förbipasserande besökarna precis som kvinnan i Courbets tavla bakom hennes rygg. Naturligtvis blir det en del uppmärksamhet när någon visar upp sitt nakna sköte för besökarna på ett konstmuseum, men så speciellt ovanligt eller chockerande med riktiga nakna människor på museum och gallerier är det inte. När Marcel Duchamp 1963 spelade ett parti schack på Pasadena Museum of Art var han visserligen inte naken. Däremot var hans motspelerska Eve Babitz naken. Vilket idag känns som en ganska typisk bild över hur kvinnor har behandlats i konsthistorien.

När den feministiska konstnärsgruppen Guerilla Girls i slutet av 80-talet gjorde en undersökning om kvinnlig representation på museum mynnade det ut i en annons med texten: "Do women have to be naked to get into the Met. Museum?" Det visade sig att endast 5% av konstnärerna på

Metropolitan Museum var kvinnor medan hela 85% av nakenmodellerna var kvinnor. Konstmuseerna innehåller alltså till stor del nakna kvinnor målade av män. Yves Kleins performance *Anthropometry* är ungefär samtida med Duchamps schackparti. Även Klein använde sig av nakna kvinnliga modeller som färgades in i blå färg och sedan fick göra avtryck på dukar medan konstnären stod påklädd bredvid och övervakade processen. Om Duchamp och Klein också hade klätt av sig nakna hade verken idag känts mer aktuella. Nu omges de av en patina av förlegad kvinnosyn där den manliga konstnären, som många gånger tidigare i konsthistorien, betraktar den nakna kvinnokroppen som ett objekt.

Att konstnärer visade sig nakna på museum blev vanligare under 70-talet. I många fall rörde det sig om feministiska performancekonstnärer som Marina Abramovic som tillsammans med Ulay 1977 gjorde till exempel *Imponderabilia*. En performance där de stod nakna mitt emot varandra i en trång passage in till museet som besökarna måste passera. Carolee Schneemann gjorde under 70-talet flera performance som *Interior scroll* och *Up to and Including Her Limits* där den nakna kroppen och sexualiteten stod i fokus. Under den här perioden började kvinnorna helt enkelt ta tillbaka sina kroppar från mannens blickar. Även om motivet fortfarande var en naken kvinna var konstnären också en kvinna och en del av maktbalansen verkade återställd inom konstvärlden.

Nakna konstnärer väcker idag ingen större uppmärksamhet. Vi är väldigt vana att se nakna kroppar och konstpubliken, i alla fall den samtida är ganska härdad. Däremot om man som Deborah de Robertis ger sig in i den konsthistoriska kontexten kan man fortfarande vinna en del chockpoäng. Även om man kan undra om det egentligen är så stor skillnad att stirra på Courbets målning av ett sköte eller konstnären Deborah de Robertis sköte framför målningen? Courbet borde rimligtvis ha använt en riktig modell för sin realistiska tavla så det är egentligen bara en metaforisk skillnad mellan de två verken.

Eftersom en naken kropp inte är speciellt uppseendeväckande idag så kan man prova med att använda flera nakna kroppar istället. Den italienska konstnären Vanessa Beecroft använder sig av många kvinnliga, ofta nakna modeller i sina installationer på världens museum. Kvinnorna är ofta stereotypa, unga, slanka och står i poser som påminner om skyltdockor. Det finns i många av Beecrofts verk en koppling mellan mode och konst, catwalken och modevisningen. Där modellerna ska fungera som levande skyltdockor och bära upp plaggen de presenterar. Modeskaparna vill ju att fokus i första hand ska hamna på kläderna och inte modellen. I Beecrofts performance återstår bara kropparna som står uppställda som massproducerade barbiedockor kyligt avskalade och opersonliga. I Beecrofts senare verk har hon arbetat mer med politiska frågor. Under den 52:a Venedig biennalen visade hon *VB61, Still Death! Darfur Still Deaf?* (2007). Där runt 30 kvinnor från Sydsudan låg på en vit duk på marken täckt av röd färg. En installation som återskapade det folkmord som pågick i Darfur i Sudan.

Den amerikanska fotografen Spencer Tunic är ett annat exempel på en konstnär som använder nakna massor i sin konst. Tunic har gjort sig känd för att ha fotograferat nakna människor runt om i världen. Mest antal nakna individer kan man hitta på ett foto taget 2007 på torget i Mexico City där han lyckades samla runt 18 000 frivilliga som klädde av sig för att hamna på bild. Något år tidigare under Düsseldorfs Quadriennalen hade Tunic bland annat tagit fotografier från konstmuseet i Düsseldorf. Ett av fotografierna är från Rubenssalen där nakna människorna ligger framför Rubens tavla av *Venus och Adonis*. Rubens som gått till historien bland annat för sina frodiga, lite mulliga nakna kroppar som är långt från dagens vältränade och slimmade kroppsideal.

På nätet finns som bekant det mesta och hemsidan "Babes at the museum" är helt enkelt en blogg med snygga tjejer på olika konstmuseum. En del av dessa är åt det mer exhibitionistiska hållet och har helt enkelt slängt kläderna och poserar nakna på museet. I de flesta fall befinner de sig i de konsthistoriska samlingarna framför eller bredvid ett verk med nakenmotiv. Det finns bland annat ett foto med fyra kvinnor som står framför Henri Regnault's *Three Graces* på Louvren med nakna rumpor. Förutom att kvinnorna på fotot råkar vara fyra istället för tre så finns det i samtidskonsten många exempel på hur de tre gracerna som motiv återkommer i olika sammanhang och varianter. Från Niki de Saint Phalles frodiga och färggranna skulpturer utanför

National Museum of Women New York till Sally Manns berömda foto av sin tre döttrar. Även om fotografierna från "Babes at the museum" inte i första hand är tagna i en konstkontext så är idén lik den performance som Deborah de Robertis genomför framför Courbets målning. Några av fotografierna försöker återskapa ett konsthistoriskt motiv, det som på engelska kallas reenact, och därmed skapa nya lager och kontexter till ett historiskt skeende, eller så är kanske bara frågan om rent exhibitionistiska fotografier tagna som en kul grej. Som i många andra fall är det sammanhanget som skapar innebörden av det man ser.

Vi har hittills sett exempel på konstverk med nakna människor, konstnärer som varit nakna på museet och senast även berört nakna besökare. När Leopold museet i Wien vintern 2012 visade utställningen *Nude Men from 1800 to Today* med runt 300 konstverk av nakna män fick man en hel del förfrågningar om man inte kunde ha en nudistvisning av utställningen. Museet ordnade en sådan visning och ett 60-tal nakna besökare kunde se nakenkonst nakna. På så sätt blev besökarnas nakna kroppar en del av det som betraktades i museets gallerier och indirekt en del av utställningen som undersökte nakenheten i historien. Konstmuseum är uppenbarligen en plats där man kan träffa på nakna människor, även om det för det mesta rör sig om avbildade människor och inte riktiga.

Spindlar i konsten

Den spanska konstnären Diego Velázquez målade *1657 Las Hilanderas* en målning som föreställer några kvinnor med spinnrock arbetande i en gobelängfabrik. Tavlan har också tolkats som en illustration till en av Ovidius metamorfoser nämligen den som handlar om Arakne. Arakne var under Antiken en kvinna som skröt om att hon kunde väva bättre än självaste gudinnan Athena. Athena blev förstås arg och utmanade Arakne på en vävtävling. När Arakne vann så var måttet rågat. Den svartsjuka Athena kunde inte tåla att någon var bättre än henne så hon förvandlade Arakne till en spindel och förbannade henne och hennes avkomma att väva sina nät förevigt. Ordet arachnofobi, spindelskräck kommer från Araknes namn, men istället för att frukta spindeln borde man beundra dess skickliga vävteknik. Arakne är den första textilkonstnären vars verk överträffade även gudarnas skicklighet. Spindeln i konsten skulle därför kunna handla om textilkonst, vävning, gobelänger och andra trådverk av olika slag. I konsthistorien och för den delen den moderna konsten har textilkonsten nu inte haft någon framträdande roll. Kanske är det spindelskräcken som spökar eller att det främst är kvinnor som sysselsatt sig med textilkonst?

Gustave Dore, den franska konstnären som blivit känd för eftervärlden för sina många illustrationer av klassiska böcker som *Bibeln*, Miltons *Det förlorade paradiset* och Dantes *Den gudomliga komedin* har i den sistnämnda valt att illustrera Arakne som en naken kvinna liggande på rygg med sex ben som håller på att växa ut ur kroppen. Det är inget smickrande utan ett skrämmande porträtt av Arakne, men en ganska vanlig föreställning att spindeln står för det onda här i världen. Något som gäller än idag. Hur många skräckfilmer finns det inte med mördarspindlar, som ofta är en hona, helt enkelt för att hon kan frambringa nya avkommor och därmed garantera en uppföljare när monsterspindeln blivit utrotad i den första filmen. Spindelmannen är väl ett av få undantag där spindeln spelar hjälteroll och har en positiv betydelse i vår kultur, men då är det förstås frågan om en man.

Den franska symbolisten Odilon Redon gjorde 1881 en kolteckning föreställande en spindel med ett mäniskoansikte som gråter. Denna ledsna spindel får mig att tänka på Franz Kafkas novel *Förvandingen* (1915). I Kafkas novell vaknar huvudpersonen George Samsa upp en morgon och finner att han förvandlats till en skalbagge. Att bli förvandlad till en spindel eller skalbagge kan knappast vara någon höjdare och mycket riktigt tar Samsas familj avstånd från honom. Så det är inte så konstigt att Redons spindel är ledsen, då den upptäcker att den är fruktad och avskydd av samhället. Det verkar inte som om det finns så många konstnärer som tycker om spindlar.

Den finns förstås ett stort undantag nämligen konstnären Louise Bourgeois som hade ett kärleksfullt öga till spindeln. Hon har beskrivit sitt förhållande till spindeln så här:

"Vännen (spindeln - varför spindeln) eftersom min bästa vän var min mor och hon var försiktig, smart, tålmodig, lugnande, rimlig, prydlig, subtil, oumbärlig, prydlig och användbar som en spindel. Hon kunde också försvara sig, och mig, genom att vägra att svara på 'dumma', nyfikna, pinsamma, personliga frågor."

Bourgeois har skapat spindlar i teckningar, litografier och skulpturer från små broscher till de monumentala verken *Mama* som finns i sex exemplar tillverkade i början av 2000-talet. *Mama* är en brons- och stålspindel med en höjd på nästan 10 meter och en vikt på ett par ton. *Mama* är en hyllning till Bourgeois mamma. Föräldrarna drev ett galleri där man sålde och renoverade gamla gobelänger och här knyts trådarna ihop från Velázquez målning *Las Hilanderas* till Araknes öde. För naturligtvis är skulpturen *Mama* en hona som bär på en äggsäck med 26 vita marmorägg. Symboliskt stiger den största spindeln i konsthistorien in på konstscenen både skrämmande och beskyddande för att återupprätta Araknes öde och alla andra kvinnliga konstnärerna som följt hennes öde.

På 2000-talet kan man också säga att Arakne och spindeln har fått upprättelse på ett annat sätt. En av historiens viktigaste uppfinningar har fått namnet nätet, ett världsomspännande spindelnät av datorer som sträckt sina tunna trådar ända in i vår vardag. På detta nät rör sig webspiders, smarta program som hjälper till att samla in och indexera all information som finns runt omkring oss. All världens konst och artefakter har samlats in av dessa spindlar samtidigt som nya konstformer föds och sprids på nätet. Vad är då mer naturligt än att vi knyter ihop berättelsen om spindeln i konsten med vävda nät av olika slag?

Melissa Barron och Christy Matson är två konstnärer som intresserar sig för teknik och vävning. I början av 1800-talet när vävningen mekaniserade och blev en industri i Frankrike introducerade Joseph Jaquard en vävmaskin som använde sig av hålkort som kunde programmeras för att väva komplicerade mönster. Dessa hålkort kom sedan att utvecklas och användas för att programmera de första datorerna. Både Barron och Matson skulle kunna beskrivas med begreppet "Craft Hackers" eftersom de kombinerar ny datorteknik med gamla hantverksmetoder som till exempel jaquardvävstolen. De har vävt bilder med QR-koder, scener från olika datorspel eller av glitchar på dataskärmen, det vill säga skärmdumpar där grafiken på något sätt fallerat i datorn och skapat konstiga och abstrakta mönster. Barron och Matson är som spindlar. De samlar in nya motiv från vår on-line kultur och med hjälp av digitala trådar väver de nya bildvävar.

Den mexikanska konstnären Carlos Amorales är också en samlare. Sedan 1998 har han byggt upp ett digitalt arkiv med material från tidningar, böcker, foto och teckningar som han har bearbetat i datorn. Detta flytande arkiv (Liquid Archive) ligger till grund för mycket av hans konst. Han använder materialet i databasen för att skapa visuella kompositioner av sina verk i olika medier. Bland motiven hittar man bland annat spindlar och 2008 gjorde Amorales en utställning med namnet *Discarded Spider* där man bland annat kunde hitta videoverket *Transformable Spider Web* som visar hur konstnären skapar och gestaltar stora spindelnät av aluminium. Dessa spindelnät finns även som skulpturer som ställts ut tillsammans med videon.

En annan konstnär som bygger spindelnät men i den större skalan är den argentinska konstnären Tomás Saracenon som är aktuell med utställningen in *Orbit* på Kunstsammlung Nordrhein-Westfalen i Düsseldorf. 25 meter över museets innergård har Saracenon skapat ett stålnät i tre nivåer som besökarna kan klättra omkring i. I nätet hänger sedan stora silverglänsande sfärer. Inspirationen till in Orbit kommer från många håll, bland annat såpbubblor, spindelnät, neurala nätverk och molnformationer. Saracenon intresserar sig för alternativa sätt att bo och många av hans verk förmedlar en futuristisk arkitektonisk vision. Spindelnätets struktur återkommer i flera av Saracenos installationer som i verket med det långa och poetiska namnet *Galaxies Forming along Filaments, Like Droplets along the Strands of a Spider's Web*. En installation från 2008 som bygger på strukturer som forskarna idag anser att universum var uppbyggt av i ett tidigt skede. När det kommer till kritan så är kanske spindelnätet bara en reflektion av universella strukturer och mönster som finns invävda i den kosmiska koden.

Spår av smutsiga fingrar

I den digitala världen lämnar vi inte bara avtryck efter oss i form av cookies och sökhistorik. Utan vi lämnar också en hel del fysiska fingeravtryck när vi surfar på våra plattor och smarta telefoner. Skärmarna bär spår av fettavtryck från våra fingrar som avslöjar våra aktiviteter och kan avslöja en hel del om våra beteendemönster. Fotografen Meggan Gould gjorde nyligen fotoserien *Surface Tension* (2014) där hon regelbundet scannade in familjens två iPad som flitigt används av henne, hennes man och deras fyraåriga dotter. Genom att behandla bilden och förtydliga avtrycken på skärmen kunde hon skapa abstrakta bilder som visade spår av mänsklig aktivitet som annars skulle ha varit osynliga.

Vi som har barn vet förstås att dessa märken inte alltid är så osynliga och inte heller är något specifikt för pekskärmsgenerationen. Hur många klibbiga handavtryck har man inte torkat bort från tjock-TVn långt innan det var meningen att man skulle peka på skärmen. Men å andra sidan är barn alltid före sin tid och interaktiva i sitt handlande.

I *Invisible hieroglyphics* bestämde sig konstnärerna Andre Woolery och Victor Abijaoudi för att undersöka vilka mönster olika appar och spel som Facebook, Pintarest, Instagram och Angry Bird skapade på skärmen. De olika beteendemönstren som fångades på skärmen blev sedan till abstrakta målningar i olika färger. Ännu ett exempel på en konstnär som gör konst av hur fingrarna rör sig på pekskärmen är Evan Roth. Roths *Multi-Touch Paintings* (2011-) är målningar skapade efter upprepade alldagliga rutiner som utförs på en pekskärm som att låsa upp skärmen, skriva in namn och lösenord eller räkna på miniräknaren. I verket *Level Cleared* (2012) har han spelat alla nivåerna i spelet Angry Bird med fingrarna doppade i bläck och varje nivå har blivit ett eget konstverk med fingrarnas specifika rörelser. Det som skiljer Roths verk från de övriga nämnda är att själva fingeravtrycken är mycket tydliga i hans verk och inte bara abstrakta mönster. Våra fingeravtryck är unika, de är en del av vår identitet. I Roths fall blir det inte bara frågan om en rörelse på en skärm, utan det är konstnärens rörelser som avbildas och vi hittar dessutom hans signatur i form av det unika fingeravtrycket på varje verk.

Avtryck från våra händer kan vi hitta på många ställen i konsten. Redan i konstens begynnelse, i grott- och klippmålningar hittar vi handavtryck. När man tittar upp i Sixtinska kapellet och ser Michelangelos målning av när Gud skapar Adam ser man då inte också en bild av när Gud lämnar sitt fingeravtryck på Adam? Den franska konstnären Cesar Baldaccini har avbildat sin egen tumme med fingeravtryck och allt i olika material. Mest känd är *Le Pouce*, den tolv meter höga och 18 ton tunga bronstummen han skapade 1965 och som idag finns i Paris. En mer bekant och naturlig tumme är den karaktär som barnboksförfattarna Inger och Lasse Sandberg skapade genom att använda ett tumavtryck för att skapa barnboksfiguren Tummen och hans mamma.

Evan Roth, *Slide to Unlock: Multi-Touch Painting* Series, (2014)Det går nu inte att komma ifrån att fingeravtryck allt mer har kommit att handla om digitala fingeravtryck som vi lämnar efter oss på nätet. Den italienska konstnären Paolo Cirio har gjort sig känd för sin notoriska "tjuvaktighet" i olika konstprojekt. Han har sammanställt material från olika databaser som i verket *Amazon Noir* där Cirio tillsammans med andra hämtade sida efter sida från databokhandeln Amazons databaser och satte ihop dem till gratisböcker som man kunde ladda ner från nätet. Eller *Face to Facebook* där han stal en miljon profilbilder från Facebook och av bilderna skapade en påhittad datingsida.

Cirios hemsida *Dataasculture.org* ägnar sig åt att stjäla dina digitala fingeravtryck. Genom att använda sig av kända säkerhetshål i din webläsare kan hemsidan samla in information om din webhistorik och unika "fingeravtryck" som du lämnar efter dig. Den insamlade datan används sedan för att skapa nya konstverk. Cirio vill peka på hur lätt kommersiella aktörer, och myndigheter, kan utnyttja teknikens brister för att samla in information om våra specifika surfvanor och använda den för att till exempel individanpassa reklam i våra webläsare. De flesta vet att polisen kan binda en person till en specifik plats och tid genom fingeravtryck, samma sak gäller för de digitala avtryck vi lämnar efter oss på nätet. Å andra sidan vill de flesta av oss lämna avtryck efter sig, så att eftervärlden vet att vi en gång har existerat. Ett avtryck som kan bestå av något så enkelt som ett handavtryck i en mörk grotta.

Drönare i konsten

Det ser ut som om de sitter och spelar ett dataspel. Unga män som sitter framför sina datorskärmar och styr flygplan genom en krigszon med hjälp av en joystick. Det är kanske inte så konstigt att det amerikanska flygvapnet inte längre letar efter män som verkade hämtade från filmen Top Gun utan istället rekryterar datanördar till sin växande personalstyrka av drönaroperatörer. Drönare är förarlösa flygplan som kan styras från andra sidan av jordklotet med hjälp av satelliter och som högt ovanför marken kan lokalisera svårtillgängliga mål i till exempel Afghanistan och slå ut fientliga mål utan militära förluster. Drönare har länge lyfts fram av USA som ett effektivt vapen i kriget mot terrorismen och man visar gärna upp sin lista på höga Al-Quaida ledare som man lyckats döda med hjälp av drönare. Men i och med att antalet drönarattacker ökat har kritiken också vuxit sig allt starkare mot denna nya form av joystick- eller playstation krig som det benämns av kritikerna. Attackerna är nämligen inte alls så exakta som man påstår.

Under striderna i Gaza under sommaren 2014 har vi i nyhetsrapporteringen dag för dag kunnat följa hur antalet civila dödsoffer stigit. Israel har hävdat att deras precisionsvapen bara har som mål att slå ut terrorister men trots det har många oskyldiga kvinnor och barn dödats under striderna. När det gäller USA:s drönarattacker på otillgängliga platser i Afghanistan eller i Waziristan som ligger i Pakistan är nyhetsrapporteringen inte lika omfattande och uppgifterna därmed mer osäkra på antalet civila offer. Även om vapnen träffar rätt finns det alltid risk att oskyldiga befinner sig i närheten. För soldaterna som tillbringar sina dagar i anläggningar i Nevada tusen mil från striden och som bara ser sina mål som siluetter på en skärm blir attackerna abstrakta insatser. Drönarna har förvandlat kriget till något kliniskt, distanserat och automatiserat.

Idag kan ett land vara i krig utan att dess innevånare ens är medveten om det. Kriget pågår på en dataskärm och händelseförloppet kan vara svårt att skilja från ett dataspel. Det är ingen hemlighet att den amerikanska armén söker inspiration från dataspel för hur man ska bedriva framtidens krigsföring. I begreppet "militainment", som är en kombination av orden militär och nöje, speglas ambitionen att använda dataspel, film och annan populärkultur för att bygga upp en positiv bild av militären och skapa rekryteringsunderlag för nya soldater. Då steget mellan vad som händer i ett dataspel och i ett militärt kontrollrum allt mer liknar varandra får även det riktiga kriget allt mer formen av militainment. Krigsinsatsen kan ha samma gränssnitt som ett spel och förvandlas till en abstrakt strategisk upplevelse som skapar allt större avstånd mellan offren och förövarna.

Det finns nu många konstnärer som reagerat på denna nya krigsföring och skapat konst om drönare. Den amerikanska konstnären Joseph DeLappe är ett exempel på hur konstnärer idag kan arbeta med antikrigsbudskap i konsten. Redan 2006 började Joseph DeLappe att interagera med dataspelet *America's Army*, ett verklighetsbaserat on-linespel som används av USA:s armé för att träna och rekrytera soldater på nätet. I spelet genomförde DeLappe en performance där han skrev in namnet på alla amerikanska soldater som dött under Irakkriget. År 2008 mötte DeLappe konstnären Steve Lambert och Igor från gruppen *The Yes Men* som vid tiden arbetade som aktivistkonstnärer och höll på att göra en falsk utgåva av New York Times som handlade om att Irakkriget var slut. Tidningen delade man sedan ut på gatorna i New York. I sitt senaste konstprojekt *1000 drones* från 2014 har DeLappe bjudit in publiken att vika små pappersflygplan som är kopior av de drönare som de senaste åren använts allt mer av den amerikanska militären för att slå ut mål i till exempel Afghanistan. Varje plan har ett namn på en oskyldig person som dödats under attackerna.

Att namnge offren, att göra dem till människor igen är en viktig strategi för att väcka opinion. Det är alltid lättare att bryr sig om man har ett ansikte, ett namn eller en berättelse på offren än några siffror i en tabell som visar statistisk över antalet döda. *#NotABugSplat* är namnet på ett annat konstverk av pakistanska och amerikanska konstnärer som består av en stor bild på marken i Pakistan. Bilden visar ett ansikte av en ung flicka. Tanken är att de som styr de förarlösa planen ska se bilden och få ett ansikte på de civila offer som de dödar så att de inte bara blir anonyma insekter som krossas. En "bugsplat" är helt enkelt militärslang för människor som dödas av drönare. När operatören ser sitt mål dödas på skärmen så påminner det om en liten insekt som mosas på marken.

Den engelska konstnären James Bridle arbetar också med drönare i sin konst. På Instagramkontot *Dronestagram* kan man se bilder från avlägsna platser i Yemen och Afghanistan som drönare har bombat. Få av oss har hört talas om Wadi al Abu Jabara, Beit al Ahan eller Khaider khel men det är inga fantasiplatser utan platser där det bor människor, där barn leker och familjer äter middag tillsammans. Det kan också vara ett tillhåll för farliga terrorister precis som militären hävdar, men stämmer det verkligen och bryr vi oss egentligen? Bridle vill lyfta fram och synligöra dessa avlägsna anonyma platser för att göra oss mer delaktiga och medvetna om hur dagens krigföring går till. I*Drone Shadow* har Bridle ritat upp konturen av en drönare på gatan i naturlig storlek. Konturen består av en vit kritlinje precis som man kan se i polisfilmer för att markera ett mordoffer. På olika ställen i världen har Bridle ritat denna oroväckande skugga av en drönare som svävar över oss och övervakar oss. När vi pratar om drönare tänker nog många av oss på små modellplan, men drönare kan vara ganska stora flygplan som ska klarar av att flyga långa sträckor och bära avancerad vapenutrustning vilket Bridles kritkonturer illustrerar.

Den holländska designer Ruben Pater har gjort en drönaröverlevarguide på olika språk som man kan ladda ner på hemsidan *dronesurvivalguide.org*. Det är en folder som påminner om de siluettplanscher som fågelskådare använder sig av för att lära sig vilken fågel som kretsar högt uppe i skyn. Fast nu är det inte ofarliga fåglar man ska lära sig identifiera utan drönare. I foldern finns också information om hur man kan skydda sig mot drönare och hur man eventuellt kan hacka eller störa deras verksamhet. Du kan också beställa foldern tryckt på reflekterande papper som kan användas för att blända drönarens kamera och försvåra dess arbete.

Att skydda sig mot övervakning och drönare, inte bara för att värna den privata integriteten utan kanske även ens liv, har blivit allt viktigare. Den amerikanska konstnären Adam Harvey har därför skapat olika anti-övervaknings produkter som han säljer i sin *Privacy Gift shop*. Här finns produkter som ett fodral som skyddar din mobil från avlyssning till en anti-drönar-burka som består av ett material som gör att du inte lämnar några värmespår efter dig och gör dig "osynlig" för övervakande drönare.

Nu behöver inte drönare alltid vara förknippade med krig utan det finns även många andra användningsområden i mänsklighetens tjänst. Till exempel inom forskning kan de användas för insamling av data, övervakning av skogsbränder, räddningsaktioner i svårtillgänglig terräng eller varför inte till att skapa konst. Graffitikonstnären KATSU använder sig av en quadcopter som är en liten drönare med fyra propellrar som man kan köpa i en vanlig elektronikaffär. Till drönaren har KATSU fäst en sprayburk som gör att drönaren kan spraya väggar eller tavlor. Bakgrunden var att KATSU ville komma åt och måla på svårtillgängliga ställen i stadsrummet men graffiti-drönaren kan också användas för att måla på vanliga målardukar som sedan ställts ut på gallerier. Precisionen och den konstnärliga nivån verkar nu inte vara så hög. Det är mer frågan om streck och abstrakta motiv än några avancerade graffitimotiv som drönaren lyckas producera.

Den brittiska konstnären Susanne Treister har i flera år arbetat med övervakning i sin konst. I januari 2014 öppnade hon en utställning i London som handlade om hur bland annat CIA arbetar med övervakning och nya former av övervakningsteknik. En del av utställningen bestod av verket *The Drone that Filmed the Opening of its own Exhibition*. Det var ett verk som gjorde precis som titeln säger. En liten drönare flög omkring under vernissagen och filmade allt som hände vilket sedan blev konstverket. På sätt och viss övervakade drönaren sig själv, eftersom utställningen handlade om övervakning så blev filmen en form av metaövervakningsfilm.

Att filma sig själv eller lägga upp selfies på nätet med sin mobil det gör alla idag. Men när även USA:s president Barack Obama lägger upp selfies på sig själv då är det nog hög tid att hitta på något nytt. Man kan då använda sig av drönare för att ta selfies från fågelperspektiv vilket verkar vara en ny trend som sprider sig på nätet. Men kanske är också drönarna fåfänga och vill synas? Det är något som den italienska konstnärsgruppen IOCOSE har undersökt i verket *Drone Selfies*. I verket hittar vi fotografier tagna genom att drönaren har fotograferat sig själv i en spegel. Vi som har sett gamla spionfilmer vet att det ofta brukar gömma sig en kamera bakom spegeln som övervakar sitt offer. Så frågan är om drönaren övervakar sig själv eller den som övervakar drönaren? Kanske är det till slut bara ett uttryck för en narcissistisk längtan hos den mänskliga operatören att se sig själv i spegeln genom drönarens lins? För redan idag kan du köpa en personlig övervakningsdrönare som följer dig överallt och filmar vad du än gör. För de som bor i Waziristan och som inte själva kan välja om de vill ha en personlig drönare eller inte, måste det hela framstå som ett cyniskt skämt i vårt övervakningssamhälle.

Jag arbetar med min roman och andra böcker i konsten

Min vän bibliotekarien är inte så bildad som han ser ut. Nej, precis som många andra av 1500-talskonstnären Giuseppe Arcimboldos porträtt så är det bara en synvilla. Bibliotekariens ansikte är nämligen uppbyggt av böcker i olika storlekar och färger som ger intryck av ett ansikte framför mig.

Förr i tiden innan massutgivningens era var en bok något värdefullt. Den var ofta handgjord, den kostade mycket att köpa och fanns bara i en begränsad upplaga. Om man hade ett eget bibliotek hemma visade det på bildning, rikedom och makt. I äldre porträttkonst kan man därför hitta en hel del personer som sitter med en bok i handen. Det är däremot sällan man ser vilken bok personen i målningen läser. Konstnären Agnolo di Cosimo di Mariano, eller Bronzino som han kallades i Italien, målade 1530 *Porträtt av en ung man* som visar en yngling i profil med en bok i handen. Den unge mannen har fingret mitt i boken som för att markera var han är i texten men eftersom boken visas med kortsidan mot oss kan man inte avgöra vad det är för bok han läser. När Van Gogh målade av *Madame Joseph-Michel Ginoux* 1889 ser vi hur hon sitter vid ett grönt bord med en hög böcker framför sig och läser, men vad det är för typ av böcker framgår inte av bilden.

Inte ens när Jean-Honoré Fragonard år 1769 målade av den berömda författaren *Denis Diderot* som bland annat skapade den franska Encyklopedin får vi veta vilken bok han läser. Man kan förstås gissa att Diderot symboliskt sitter och läser i något av banden från Encyklopedin. Med lite ansträngning kan man förstås hitta namngivna böcker i konsthistorien. En annan fransk konstnär Jean-Baptiste Greuze målade runt 1780 av *Madame Jean-Baptiste Nicolet*. Den bok som hon har uppslagen framför sig verkar vara helt blank men i bakgrunden syns två volymer där man kan läsa titlarna på ryggarna. Det rör sig om ett band från Rousseaus samlade verk och ett annat band från Molières samlade verk. Böckerna visar att framför oss sitter en bildad kvinna som följer med vad som händer på den franska kulturscenen.

Ett undantag är religiösa bilder då man nästan alltid kan utgå från vilken bok personen läser, nämligen Bibeln som under många tider ansågs vara den enda bok man behövde läsa som sann kristen. I stilleben från 1600-talet hittar man ofta böcker som en av flera symboler i kompositionen. Stilleben fungerade som en form av meditationsbilder som skulle få betraktaren att fundera över livet och döden. Här står boken som en symbol för bildning, ett kärl som kan föra kunskap vidare mellan människor, men eftersom boken är dyr att köpa varnar den också för fåfänglighet och för att samla på världsliga saker. Ett bibliotek och en tendens för boksamlande kunde alltså vara rent fördärvligt för själen.

I slutet av 1800-talet är det vanligt i impressionistiska målningar med kvinnor som sitter och läser utomhus. Som Pierre-Auguste Renoirs *Läsaren*, föreställande en ung kvinna som sitter i trädgården och läser eller Claude Monets målning av en läsande kvinna med vit klänning omgiven av grönska. Böckerna i bilderna symboliserar nu inte längre makt och kunskap utan snarare en form av nöje och avkoppling. I slutet av 1800-talet ökar läskunskapen hos allmänheten och böcker börjar massproduceras. Istället för att avbilda böcker börjar konstnärer därför skapa egna unika böcker. Det som man kallar artist's books. Artist's books är nu ett helt eget kapitel och värt en egen essä, men är helt kort ett konstverk som på olika sätt lånar sitt formspråk av boken. Hantverket är viktigt, upplagan liten och bokens formspråk och innehåll unikt och experimentellt.

Även om boken generellt förlorat i status som ett unikt värdefullt objekt finns det fortfarande en stor symbolik i boken. När Anselm Kiefer skapade sitt verk *The High Priestess/Zweistromland* (1986–89), som består av bokhyllor med tvåhundra stora blyböcker, är det ett tungt historiskt arv han gestaltar. Tvåflodslandet är ett område i forna Mesopotamien där floderna Eufrat och Tigris flyter och här anses civilisationens vagga ligga. I det här området uppstod skriftspråket och här kan man hitta lämningar efter det Babyloniska kilskriftbiblioteket i staden Ur. Boken står som en symbol för vår civilisation, för vår historia och vårt minne. Nu finns det väldigt gott om billiga minnen. Antikvariat och Second Hand butiker svämmar idag över av böcker som ingen längre vill läsa, men istället för att skicka dem till pappersåtvinningen kan man skapa ny konst av dem.

Den ryska konstnären Ekaterina Panikanova använder sig av gamla böcker som en målarduk. Hon slår upp böckerna och fogar samman dem till målardukar i olika storlekar. Sedan målar hon eller tecknar hon sina motiv direkt på boksidorna. De existerande texterna och bilderna på sidorna blir som extra lager till bilden och skulle konstnären ledsna eller blir missnöjd med sitt verk så kan hon alltid vända blad i böckerna och påbörja ett nytt verk.

Att använder böcker som material för att bygga skulpturer eller installationer är vanligt i samtidskonsten. Ta bara de brasilianska konstnärerna Marcos Saboya och Gualter Pupo som i London 2012 byggde *aMAZEme* en labyrint bestående av 250,000 böcker. Det var nu inget vanligt labyrintmönster utan strukturen byggde på delar av ett fingeravtryck från den kända författaren Gorge Luis Borges. Passande nog har Borges skrivit en hel del texter om böcker, bibliotek och labyrinter. En av hans textsamlingar heter dessutom *Labyrinter* (1962).

Betydligt färre böcker använde sig den spanska konstnären Alicia Martin av till verket *Biografias*(2005). Det är ett platsspecifikt verk som består av en ström av runt 5000 böcker som rinner nerför ett fönster från andra våningen ner på gatan. Martin har också skapat andra verk där hon återanvänt böcker. I en installation i ett galleri ser vi hur den ena väggen håller på att lossna när en stor boksamling försöker trycka sig ut i rummet. I *Singularidad* formar böckerna ett svart hål, en singularitet, som riskerar att sluka allt som kommer nära. I Martins bokverk får jag en känsla av den inneboende kraft som finns samlad i alla böcker. Hur berättelsen vill tränga sig ut ur sina pärmar och böckerna lämna bokhyllorna och magasinen för att leta upp en läsare som vill göra dem levande igen. Det är den storslagna känslan av att böckerna kan suga ner oss i deras värld eller kasta sig över oss som en stormvåg som Martin fångar.

En annan som ägnat sig åt att bygga stora bokskulpturer under många år är den slovakiska konstnären Matei Kren. I verket *Book Cell* (2006) har han byggt upp ett åttkantigt rum av böcker som besökare kan kliva in i. Väggarna innehåller texter från tusentals böcker och skapar ett utrymme fyllt med kunskap och historia. Cellen kan var något organiskt, som en cell i en bikupa eller i en kropp som tillsammans med andra celler skapar en större helhet. Kren har även byggt cylinderska torn av böcker som man kan titta in i och som ger en fantastisk visuell upplevelse. I verket *Passage* har Kren däremot skapat en trång gång mellan två höga murar av böcker. Passagen kan ha många symboliska betydelser. Det kan vara en metafor för en vandring där man förändras som till exempel när man läser en bra och intressant bok. För Kren verkar böckerna vara de byggstenar på vilka vi bygger civilisationens arkitektur.

Tom Bendtsen är en annan konstnär som precis som Kren bygger bokskulpturer i form av torn och andra rumsliga installationer. Berndtsens verk har namn som *Conversation (1-5) ochArgument (1-5)*. Som titeln antyder ser konstnären boken som en väg för dialog och som ett medium som överför kunskap mellan människor och olika tidsepoker. I vissa verk har han sorterat böckerna efter ämne precis som i ett bibliotek medan han i andra verk har sorterat böckerna efter färg. Varje bok blir då som en pixel, en färgruta, vilket i slutändan skapar ett färgrikt mönster på bokskulpturens ytterväggar. På vissa skulpturen så har Berndtsen skapat större mellanrum mellan böckerna, som små minigallerier där han bygger upp en liten berättelse eller ett landskap mellan bokpärmarna.

Ett något blygsammare bokprojekt presenterade Janet Cardiff och George Bures Miller 2008. Deras lilla hus, i storlek som en lekstuga, är byggt av begagnade böcker och saknar fönster. Verket heter också mycket riktigt *The House of Books Has No Windows*. Bokryggarna utgör fasaden medan textsidorna interiören. Det blir ett ganska slutet och mörkt rum som påminner en del om den känsla man får när man blir uppslukad av en bok och inte längre hör eller ser vad som pågår runt omkring en. Huset kan också symbolisera den slutenhet som skapas mellan den som kan läsa och den som inte kan. Klubbhuset är bara till för de som knäckt läskoden och de andra får stå utanför och vänta. Böckerna i vårt samhälle utgör som bekant ett viktigt maktcentrum. Alla viktiga regler, lagar och förordningar har samlats i böcker och utan rätt kunskap kan man inte komma åt denna kunskap och få reda på vilka rättigheter man till exempel har som medborgare.

Trots ett ivrigt rykte om bokens död och att bokläsandet minskar till förmån för andra medieformer så är det fortfarande som Predikaren i Bibeln klagar på: Det myckna bokskrivandet tar aldrig slut. För även om inte lika många läser böcker som förr så verkar det som alla människor håller på att skriva på en roman. Att sitta på ett café med en latte och skriva på en roman har idag blivit en statusgrej. Det är också utgångspunkten för Cory Arcangels bok och konstverk *Working on my novel* (2014) som består av ett hundratal twitterinlägg som handlar om människor som arbetar med sin roman. Fast arbetsdisciplinen verkar det vara ganska vacklande med hos många. Det kan vara svårt att koncentera sig när det finns så mycket på nätet som lockar: *Having way to much fun on Pintarest...should be working on my nove*l som E. Griffin-Isabelle skriver den 9 april 2012 på sitt Twitter-konto. Man undrar hur det gick för Isabelle och alla andra som arbetade med sina romaner? Om de någonsin blev färdiga?

Den stora översvämningen

Världen förbereder sig inför den kommande flodvågen. I Venedig bygger man ett jättelikt system av portar för att hindra havet från att översvämma staden. I Rotterdam, London och S:t Petersburg finns redan avancerade system med portar och pumpar som ska kunna kontrollera vattenmängderna. Det är ingen biblisk flodvåg man förväntar sig utan en långsam höjning av havsnivån. På grund av klimatförändringar beräknar man att vattnet stiger kanske 60 centimeter eller mer fram till år 2100. Det låter inte mycket, men eftersom många stora städer och tätbefolkade områden ligger nära havet räcker det med ett par decimeter för att det ska få förödande konsekvenser. Men hur skildras detta framtida hot i konsten?

Översvämningar är ingen ny företeelse i mänsklighetens historia. Forntida civilisationer i Mesopotamien och Egypten var beroende av att de stora floderna översvämmades med jämna mellanrum och lämnade ett lager av bördigt slam på åkrarna. Kanske det var en sådan stor översvämning som skapade myten om syndafloden och Noahs ark? Syndafloden är ett vanligt motiv i konsthistorien från Michelangelos takmålning i Sixtinska kapellet till den Schweiziska 1500-tals målaren Kaspar Memberger den äldres svit med målningar av Noaks ark. Ofta är det dramatiska skildringar som visar hav och regn som dränker jorden och människorna. Genom ett gudomligt ingripande lyckas Noa och hans familj fösa in djuren i Arken och räddar dem till eftervärlden. Samma förhoppning verkar vi ha idag. Att vetenskapen ska rädda oss när det redan är för sent. Precis som i filmen *2012* där jorden håller på att gå under på grund av naturkatastrofer verkar många tro att myndigheterna i hemlighet har tagit fram en plan för att rädda människorna och djuren från undergången. Kanske står jättelika arkar beredda att lyfta och segla iväg med oss till en ny och oförstörd planet någonstans i universum där vi kan börja om.

Nu krävs det ingen syndaflod för att människor ska uppleva en översvämning som en katastrof. Det räcker att en flod svämmar över sina breddar och förstör hus och egendom. Den franska konstnären Alfred Sisley skildrade under 1870-talet livet i den franska småstaden Marly-le-Roi någon kilometer väster om Paris. Våren 1876 brast floden Seines fördämningar och lade stora delar av staden under vatten. I målningen *Boat in the Flood at Port Marly* ser vi hur några innevånare stakar sig fram i en båt genom de översvämmade gatorna. Ett motiv som lika väl skulle kunna vara hämtat från någon annan europeisk stad från de senaste årens stora översvämningar. En annan 1800-tals konstnär som skildrat en översvämning är britten Edwin Henry Landseer som i målningen *Flood in the Highlands* (ca. 1860) skildrar en plötslig störtflod som trettio år tidigare drabbade innevånarna i en dal i England. På tavlan ser vi en familj som tagit skydd med några få ägodelar på en kulle från de framrusande vattenmassorna.

Naturligtvis är vi medvetna om klimathotet men att komma fram till en gemensam politisk lösning är inte lätt. Den stora klimatkonferensen i Köpenhamn 2009 slutade till exempel i ett fiasko. Gatukonstnären Banksy gjorde efter konferensen ett inlägg i debatten genom att längs Regents kanal i norra London spraya texten *I don't believe in global warming* med röda bokstäver. Ironiskt nog försvinner en del av texten under vattenytan eftersom vattennivån trots allt stiger. I Köpenhamn hade man ändå försökt skapa en internationell konstutställning med titeln *RETHINK: Contemporary Art and Climate Change* för att lyfta frågan och upplysa allmänheten om klimathotet. Den argentinska konstnären Tomás Saraceno visade sina *Biospheres*. Det var genomskinliga plastklot där människor skulle kunna bo när planeten blev för tätbefolkad eller om vattennivån steg.

Det är nu inte bara människor som drabbas av klimathotet utan även djuren. Den kanadensiska konstnären Bill Burns skapade därför en kollektion med skyddsutrustning för små djur från flytvästar, gasmasker, hjälmar till skottsäkra västar så de också kan skydda sig mot framtidens klimathot.
Den stigande havsnivån var något som de tyska konstnärerna Haubitz + Zoche visualiserade i verket *Water knows no walls* som bestod av en blå linje som gick genom Köpenhamns centrum och som visade var den nya kustlinjen skulle hamna om all is på Grönland skulle smälta. Redan 2007 gick den amerikanska konstnären Eve Mosher runt i New York City med en kritvagn, det vill säga en sådan som man använder på fotbollsplaner för att markera linjerna på gräsmattan. Mosher markerade nu inte sidlinjerna utan en *HighWaterLine* som visade hur mycket vattennivån skulle stiga på grund av

framtida klimatförändringar. När orkanen Sandy drog in över New York 2012 visade det sig att vattennivån nådde ända upp till Moshers linjer. På bara fem år hade hennes farhågor besannats och New York översvämmats med stora ekonomiska skador som följd.

Risken för översvämning i New York har också fått Museum of Modern Art och P.S.1 Contemporary Art Center att engagera sig i frågan. Under 2009-2010 arrangerade man ett architects-in-residence program där arkitekter fick möjlighet att ta fram förslag på kreativa och hållbara lösningar som kunde förändra bland annat New Yorks hamn. Förslagen presenterades sedan 2010 i utställningen *Rising Currents*.

Koldioxidutsläppen är nu boven som gör att medeltemperaturen stiger på jorden vilket leder till att polarisarna börjar smälta. För att visa på denna effekt har den brasilianska konstnären Néle Azevedo skapat projektet *Minimum Monument*. Det är en installation bestående av hundratals eller tusentals isskulpturer som består av ungefär 20 centimeter höga män och kvinnor som placeras ut på offentliga trappor runt om i världen. Figurerna lämnas sedan för att smälta bort i solen. Isen och människorna rinner bort som vatten längs trapporna och blir en påminnelse om klimatförändringarna.

Är det redan för sent att stoppa utvecklingen? Konstnären Issac Cordal som är verksam i Bryssel skapade till skulpturtriennalen i Beufort 2012 verket *Waiting for climate change* som också består av små människor, ca 25 cm höga, men inte av is utan av betong. De står i vattenbrynet längs den Belgiska kusten med sina badringar och armpuffar och väntar på att vattennivån ska stiga. Ett verk som är väldigt passande eftersom både Belgien och Nederländerna är lågland. Hälften av Nederländerna ligger till exempel under havsnivån och riskerar ständigt att översvämmas när det stormar ute på Nordsjön. En annan version av verket visade Cordal i Frankrike men med en skarpare politisk udd. De som väntade på klimatförändringen var nu kostymklädda medelålders män med portföljer, symboliserande politiker och affärsmän. De står i vattnet handlingsförlamade och bara väntar. På några av dem når vattnet redan upp till halsen medan några i sista stund lyckats få tag i en rödvit livboj.

Det verkar i alla fall som om konstnärer och forskare länge har varit medvetna om farorna och arbetat för att förhindra klimatförändringarna. Det har skrivits åtskilliga rapporter och producerats utställningar som belyst farorna men också möjligheterna inför det framtida klimathotet. Det som saknas är alltså inte idéer eller lösningar utan istället politiker som vågar ta verkliga beslut och som inte bara står i vattenbrynet och väntar på att klimatförändringarna ska komma.

Eternal September och andra memes i konsten

När Cecilia Giménez i bästa välmening gav sig på att försöka restaurera 1800-tals målaren Elías García Martinez fresk av Jesus som höll på att förfalla i den lilla spanska kyrkan, så anade hon inte att detta skulle bli en världsnyhet och ett populärt meme på internet. Nej, några större konstnärliga talanger hade inte den 80-åriga kvinnan. De fina ansiktsdragen på Martínez Jesusbild förvandlades efter några klumpiga penseldrag till en utsmetad massa som tidningarna beskrev som ansiktet på ett monster. När världens förskräckelse över hennes amatörmässiga vandaldåd hade lagt sig började det snart i sociala medier spridas en hel del konsthistoriska bilder som blivit restaurerade à la Cecilia. Leonard da Vincis *Den sista nattvarden*, porträttet av *Mona Lisa*, Munchs *Skriet* och Andy Warhols porträtt av *Marilyn Monroe* var bara några målningar som cirkulerade på nätet med ansiktsdragen utsmetade. Nyheten hade förvandlats till ett meme. Ett internet meme är ofta en bild eller video som får stor viral spridning, dvs sprids från person till person via olika sociala medier och har sitt ursprung i populärkulturen eller olika subkulturer. Det finns nu en speciell genre av memes som handlar om konst, och i september öppnar utställningen *Eternal September* i Aksioma - Institutet för samtidskonst i Ljubljana. Det är den italienska curatorn Valentina Tanni som ligger bakom utställningen som bygger på hennes egen samling av konstmemes. I den här artikeln berättar Tanni mer om memes och hur konst och populärkulturen kan skapa nya visuella uttryck och trender.

När började du samla på konstmemes?

-Jag började samla på konstmemes för ett par år sedan. Jag har en bakgrund som konsthistoriker, men är också ett stort fan av memes och starkt intresserad av internetkulturen. Så jag antar att konstrelaterade memes var den perfekta kombinationen av mina intressen. Dessutom tycker jag det är fascinerande att traditionella tekniker från konstvärlden som apparition, parafraser och remixer, används dagligen av miljoner människor runt om i världen. Jag älskar idén att konsten "läcker" in i vardagslivet

I september öppnar utställningen *Eternal September* i Aksioma - Institutet för samtidskonst i Ljubljana. Kan du berätta om konceptet bakom utställningen?

- Utställningen är en samproduktion mellan Aksioma, Škuc Gallery och Link Center for the Arts of the Information Age. Huvudutställningen äger rum i Škuc, men det finns ett rikt program med föredrag, föreställningar och evenemang som äger rum på Aksioma, på gatorna i Ljubljana och även online. Titeln på utställningen är ett slanguttryck som myntades av David Fischer i en kommentar som han skickade till Usenet gruppen alt.folklore.computers 1994: "September 1993 will go down in net.history as the September that never ended." Citatet syftade på den ständiga tillströmningen av "nybörjare" på nätet efter september 1993 då ett fåtal stora internetleverantörer hade började erbjuda nya kunder tillgång till internet. Så det lilla existerande internetsamfundet blev tvunget att konfronteras med dessa nya användare och deras "net-analfabetism" och allmänna brist på netikett. När jag först läste om detta uttryck tänkte jag genast att det var en utmärkt metafor för vad som fortfarande sker i dag. Tillgången till internet är fortfarande något mycket angeläget och viktigt och jag ville se hur förhållandet var till konsten. Vad händer med konsten om verktygen för produktion och distribution finns tillgängliga för en stor del av världens befolkning? Är "professionalism" fortfarande en användbar kategori och vad betyder det egentligen? Ett annat huvudtema i utställningen är "virality": den otroliga hastighet med vilken innehållet sprids och även ändrar karaktär medan det delas vidare. Vår definition av konst håller åter på att förändras drastiskt och utmanar både konstnärerna och betraktarna, två grupper som blir mer och mer flytande och sammanlänkade

Är det något speciellt med konstmemes?

Det är egentligen inget speciellt med konstmemes, om du jämför dem med memes i allmänhet. Personer involverade i konst, som jag, är uppenbarligen mer attraherade av dem, men de är inte nödvändigtvis bättre än någon annan kategori av memes. Det jag tycker är intressant är hur bilder som en gång beundrades på ett museum eller vördades som heliga föremål nu bara betraktas som bilder bland alla andra bilder på internet. De har inte någon särskild ställning i internetsammanhang. De cirkulerar fritt och ofta utan någon upphovsman eller bildtext.

Den tyska filosofen Walter Benjamin myntade uttrycket att den mekaniska reproduktionen dödade det kulturella värdet i konstverket och ersatte det med ett utställningsvärde. Nu har utställningsvärdet istället blivit ersatt av något som vi kan kalla appropriations-värdet. Människor gör dagligen det som konstnärer tidigare har gjort med olika sorter av material som de har hittat. De laddar ner bilder, ändra dem och laddar sedan upp dem igen, vilket resulterar i en radikal förändring av innebörden.

Finns det någon formel på hur man skapar ett perfekt konstmeme?

Jag tror inte att det finns någon fast formel för att skapa ett perfekt konstmeme, men jag märker att kontraster fungerar bra. Om man kombinerar bilder tagna från mycket avlägsna källor, som en gammal målning och kombinerar det med en superny teknik, skapar det ofta ett roligt och charmigt resultat. Att hitta ett underhållande samspel mellan bild och text är också ett sätt att nå önskad effekt.

För mig verkar många memes mest vara roliga, men är också ganska ytliga och har en kort livslängd. Kan du se någon skillnad mellan amatörkulturen och konstnären som arbetar med populärkultur på Internet?

Ja, många memes är väldigt ytliga och kortlivade, och de är definitivt gjorda för att roa. Men jag tror inte att konsten nödvändigtvis alltid behöver skapas för att reflektera över saker. Humor är en viktig del av konsten, även om vi, som en kultur, fortfarande är övertygade om att konst ska vara något allvarligt och heligt och upplysande. Men jag tror inte den definitionen längre passar för samtidskonsten. Det som skiljer en konstnär från amatören är förmågan att bedriva ett visst projekt under längre tid och att upprätthålla en slags kontinuitet. Och även en medvetenhet om sin roll ... men det är inte heller alltid en bra sak!

Vad skulle du säga är trenden bland konstmemes för närvarande?

Memes med konstnären Marina Abramovic är i ropet! Hon lyckas på något sätt fånga kreativiteten hos så många människor och hennes konst inspirerar alltid till en massa parodier och remixade versioner. Emoticons placerade i berömda målningar är också mycket populära.

Eternal September är nu inte första gången Valentina Tanni ställer ut konstmemes. 2013 producerade hon tillsamman med Domenico Quaranta utställningen *Nothing to see here...* på ett galleri i Milano. Utställningen bestod av en stor vägg med utskrifter av bilder bestående av memes som speglade nätets visuella kultur. Även i utställningen i Ljubljana finns *The Great Wall of Memes* som är tillgänglig på Tumblr-adressen: eternal-september.tumblr.com. Tannis egen Facebooksida *In Art There Are No Schools, Only Hospitals* är också en bra startpunkt för att hitta konstmemes på nätet.

Om man ska försöka kategorisera konstmemes så hittar man några underkategorier. Att kombinera konsthistoriska verk med ny teknik är ett effektfullt sätt. Man kan låta Mona Lisa ta en selfie med sin iPhone eller sätta en mobil i händerna på en klassisk marmorstaty. På kända äldre målningar kan man placera in symboler från olika nättjänster som en sökruta från Google, pratbubblor från olika chatprogram, symbolen Like från Facebook eller Follow från Twitter för att skapa oväntade kontexter. I Delacroix målning *Friheten på barrikaderna* hittar man till exempel Twitter-symbolen Follow på kvinnan i förgrunden som med trikoloren i handen leder upproret.

Ofta försöker man skapa en anakronism i verket genom att skapa kontraster mellan olika tidsepoker, som i John Everett Millais målning av *Ofelia* (1852). Målningen visar hur Ofelia flyter i floden innan hon drunknar. I detta vackra landskap ser man nu en petflaska och någon har dessutom dumpat en kundvagn i vattnet. En version som kanske bättre avspeglar den miljö vi lever i än Millais 1800-tals natur. I en målning av Edward Hopper som visar en ensam man som sitter på trottoaren har man ovanför hans huvud satt en symbol som visar att han har noll vänner. Kanske en förklaring till hans dystra utseende? Ett annat sätt att skapa en kontrast mellan olika tidsepoker är att byta ut de historiska personerna på målningen mot kändisar eller placera in figurer från populärkulturen i konstverket.

Att återskapa kända målningar eller skulpturer live och sedan fota av dem är ett annat sätt att skapa memes. Michelangelos målning i Sixtinska kapellet om hur Gud skapar Adam har flitigt avbildats i olika varianter. På ett foto ser vi en kille som sträcker över en öl åt sin kompis medan de intar samma positioner som i Michelangelos original. Det finns också en del fotografier som är interaktiva med konsten och försöker skapa en dialog. Till exempel en museibesökare som formar händerna till en tratt framför munnen och skriker framför ett 1700-tals porträtt av en äldre man som håller fingret för munnen för att visa att man ska vara tyst. Eller statyn som föreställer en basebollspelare som svingar sitt slagträ där en förbigående olyckligtvis "råkar" bli träffad i huvudet av slagträet.

När det gäller modern konst så är det ofta Marcel Duchamp, Andy Warhol och Salvador Dali som återkommer i memes. Dalis surrealistiska målning *The Persistence of Memory* (1931), den med de smältande klockorna, finns i en variant där klockorna har ersatts av symboler från olika webläsare som Chrome, Safari och Firefox. Man kan också konstatera att konstmemes skapas utifrån en ganska begränsad konstnärs- och motivkrets där större delen består av kända manliga konstnärers verk. Det finns i många memes också en kritisk hållning till konstbegreppet som ifrågasätter om modern och samtida konst verkligen är konst. Även om memes sprids utan namngiven upphovsman så kan man utgå från att skaparna till stor del består av män. Ett bevis skulle vara att det i många fall finns en stereotyp kvinnosyn precis som i många delar av populärkulturen. Exponering av nakenmodeller ur konsthistorien med texter som bitch eller kommentarer om utseende känns förlegade och speglar den mindre positiva delen av amatörkulturens uttryck.

När det gäller samtidskonsten så är konstnären Marina Abramovic för tillfället en memefavorit. Hennes performance *The Artist is Present* fick stort medialt genomslag när den genomfördes på MOMA i New York. Det var en performance där Abramovic satt på en stol helt stilla och tyst med ett tomt ansiktuttryck framför besökaren på museet flera timmar varje dag. I ett meme ser vi Abramovic sittande i sin röda klänning stirrande på ett bord med en cirkelsymbol hämtad från nätet som visar att innehållet håller på att laddas. I ett annat meme ligger en blobfisk på bordet framför henne. En fisk som betraktas som en väldigt ful och deprimerad fisk. Blobfiskens närvaro skapar en absurd och komisk situation i den annars allvarliga och seriösa situation som fotografiet förmedlar. Att skapa känslomässiga absurda kontraster i en bild är också en del i memetekniken. En annan samtidskonstnär som de senaste åren blivit en mediekändis är Ai Wei Wei. Hans *Fuck-off foto,* där konstnären ger de kinesiska myndigheterna fingret finns därför i olika memevarianter på nätet.

Det ligger i själva memekulturen att använda sig av kända bilder och personer, om de så är hämtade från TV-serier eller konstverk. Meme blir en form av folkliga kommentarer till vad som händer i samhället, men de innehåller även uttryck och koder som bara är roliga för de som tillhör samma subkultur och som kan genomskåda de olika källorna och sammanhangen. På så vis påminner memes en del om konst som också förutsätter att man har en del förkunskap för att läsa av konstverken och förstå kontexten. Ett tydligt exempel är memet av John Everett Millais målning av *Ofelia* som beskrevs tidigare. Vet man inte om att det är en målning från slutet av 1800-talet så blir inte kontrastverkan lika tydlig och intressant med de tillagda detaljerna med petflaskan och kundvagnen. Keanu Reeves, en skådespelare som återkommer i många memes med textvarianten "What if" säger i ett meme "What if memes are art?" Med tanke på hur memes skapas genom att använda olika konstnärliga tekniker som apporation, parafraser och remix så finns det en hel del likheter med hur mycket av dagens konst skapas. Memes blir i alla fall konst när de ställs ut på ett konstmuseum eller samlas och presenteras i ett sammanhang av en curator. Att den växande amatörkulturen kommit för att stanna är de flesta överens om, så vi får nog se fram mot en evig september.

Pipor, cigaretter och fimpar i konsten

"Rökning skadar allvarligt dig själv och personer in din omgivning."

En essä om rökning i konsten borde lämpligen inledas med en varningstext eftersom rökningen ligger bakom 90% av alla fall av lungcancer. Tobak användes till en början i religiösa ceremonier av olika indianfolk innan den genom kolonisatörerna introducerades i Europa på 1560-talet. Kyrkan var till en början misstänksam mot tobaken. Kombinationen av eld och rök påminde lite för mycket om helvetesskildringar tyckte prästerna, men det dröjde inte länge innan tobaksröken låg tät över Europa. Lite cyniskt kan man säga att kolonisatörerna dödade många indianfolk genom att sprida nya okända sjukdomar bland dem men genom att introducera Européerna för tobakens dödliga effekter så fick indianerna sin hämnd. År 2012 dog drygt 350 000 Européer till följd av lungcancer orsakad av rökning. Det skulle nu dröja länge innan man insåg att rökning var dödlig, istället betraktades tobaken till en början som en medicinalväxt. Det vanligaste sättet att använda tobaken blev att tugga den eller att röka pipa. På många 1600-tals målningar ser man därför män som röker en vit kritpipa som i Franz Hals *Rökaren* (ca. 1625) eller Adriaen Brouwers *Rökaren* (ca. 1636).

Kanske anade Vincent van Gogh att rökning inte var speciellt nyttigt. Hans målning *Skull with a Burning Cigarette* från 1885 skulle kunna sitta som en avskräckande bild på ett cigarettpaket. Det är en mörk och dyster oljemålning. Mot en svart bakgrund framträder en grovt målad döskalle med en glödande cigarett mellan de hopbitna tänderna. Några år senare målade Edward Munch av sig själv stående och rökandes en cigarett. Hans självporträtt ger en bättre bild av den allmänna uppfattningen av rökningen under den här tiden. Det är den distingerade konstnären, som tar en cigarett för att slappna av som skildras. Munchs bild är också mörk, men det är snarare ett behagligt dunkel. Cigarettröken löser upp sig i mörkret och skapar en nästan romantisk atmosfär och bilden verkar nästan som om den är beställd av tobaksindustrin. För visst verkar det fridfullt att stå och röka i skymningen?

Notera att Munch röker en cigarett och inte en pipa. Cigaretten uppfanns redan under 1600-talet men det var under 1870-talet som cigarettillverkningen mekaniserades vilket resulterade i en storskalig och billig tillverkning. Det blev också genombrottet för cigaretten. När högkonjunkturen under det glada 20-talet spred sig över Europa var det inte bara champagnen som flödade på nattklubbarna utan röken låg också tät. I metropoler som Berlin, Paris och New York frodades nöjeslivet och tyska konstnärer som Max Beckmann, Ernst Ludvig Kirchner och Otto Dix var bara några som skildrade Europas intensiva nöjesliv. År 1919 målade Max Beckmann ett självporträtt där han sitter med ett champagneglas i ena handen och en cigarr in den andra och Otto Dix skildrade nattklubbsscener från Berlin med musik, sprit och cigarretter.

Den mest kända av alla målningar med anknytning till rökning är förmodligen Rene Magrittes *Ceci n'est pas une pipe* från 1929. Målningen består av en pipa och under står texten: Det här är ingen pipa och ska man vara petig så är det ju en målning av en pipa och ingen riktig pipa som du kan röka. Var står Magritte när det gäller rökningen? Han rökte visserligen själv men motivet är trots det neutralt. Magritte verkar i tavlan varken vara för eller mot rökning och kanske hittar vi här en viktig brytpunkt i konsten. Något verkar vara på väg att hända när det gäller förhållandet mellan rökningen och konsten.

Sedan 40-talet har forskarnas varit säkra på att rökning orsakar cancer och markant ökar risken att dö i förtid. Inom samtidskonsten har man också börjar ifrågasätta rökningens effekter och den glorifierade bilden som under decennier har förmedlats i media med vackra rökande filmstjärnor till geniala konstnärer som står och bolmar vid sina stafflin. Den brasilianska konstnären Jac Leirners konstverk *Lung* från 2009 består av 1200 Marlboro cigarettpaket som plattats till och trätts upp på en ståltråd. Det minimalistiska verket visar hennes ansenliga konsumtion av cigaretter under tre år. Vår besatthet av konsumtion är något som videokonstnären Tony Oursler också behandlar i utställningen *Cell Phones Diagrams Cigarettes Searches and Scratch Cards* (2009). Ett av verken består av en skog med brinnande cigaretter som skapas genom videoprojektioner på vita cylindrar i olika höjder. Oursler ställer sig i utställningen kritisk till samhällets passivitet inför vår storkonsumtion av cigaretter och andra produkter.

I verket *Cowboy with Cigarette* (1990) riktar konstnären Hans Haacke kritik mot tobaksindustrins sponsring av konstutställningar. Cigarettmärket Philip Morris sponsrade 1989 en utställning med *Picasso and Braque: Pioneering Cubism* på MOMA New York. Haacke ändrade därför Picassos collage *Man with a Hat* till en påhittad tobaksreklam genom att lägga till texter från samtida tobaksreklam och citat från Philips Morris. Även i verket *Helmsboro Country* (1990) som består av ett jättestort cigarettpaket riktar Haacke kritik mot tobaksbolaget Philip Morris men även mot senator Jesse Helms konstsyn. Senatorn ville till exempel förbjuda konst som han ansåg vara obscen. Verkets titel anspelar på Marlboro country, ett idylliskt cowboylandskap som användes flitigt i cigarettreklamen för Marlboro cigaretter.

Att det finns en del kinesiska konstnärer som skapar samtidskonst med anknytning till tobaksrökning är inte så konstigt. Kina anses vara det land som idag har flest rökare och som producerar mest tobak i hela världen. Något som i längden kommer att leda till stora hälsoeffekter på befolkningen. Konstnären Yang Yongliang skapade ett cigarettlandskap i en installation från 2007. Från taket hängde en 4.5 meter lång cigarett där askan var uppbyggd av svartvita fotografier. Under cigaretten, nere på golvet fanns en kulle av aska (uppbyggd av sönderklippta fotografier) bland några blommor. Yongliang jobbar i traditionen med kinesiska landskap och kalligrafi, och cigarettasken skapar en tredimensionell landskapsmålning i modern tappning.

En annan kinesisk konstnär är Xu Bing som sedan 1999 arbetat med *Tobacco Project*. Det är ett projekt som har essäistiska dimensioner och som undersöker tobaksplantans historiska och kulturella betydelse i Kina och USA. *Tobacco Project* består av en triologi av utställningar i Durham (North Carolina, USA), Shanghai (Kina) och Richmond (Virginia, USA). De tre utställningarna hör ihop även om varje utställning är unik och utgår från den specifika platsens tobakshistoria. Utställningarna är uppbyggda av tobaksrelaterade produkter och tobak, bland annat en jättestor tigerfäll uppbyggd av en halv miljoner cigaretter.

Diplomatiskt nog tar Xu Bing ingen ställning för eller mot rökning i sina konstverk. Utan han begränsar sig till att använda materialet och undersöka kopplingen mellan tobak och människor i historien. Att kritisera rökningens faror är inte så lätt i Kina då den kinesiska staten har monopol och rökningen genererar dessutom stora skatteintäkter för landet. Vilket kan vara en förklaring till att de kinesiska konstnärerna håller sig neutrala till tobakens faror.

Av rökningen i konsten återstår nu bara ett antal cigarettfimpar. De kan naturligtvis återanvändas och bli till nya föremål, som smycken, mattor eller andra former av konstverk. För den hängivna rökaren kan jag rekommendera cigarettfimpskistan som jag hittade på internet. Du behöver bara samla ihop tiotusen fimpar under din livstid och några stora cigarrer till handtagen, så kan du sedan bygga din egen fimpkista och efter din död bokstavligen gå upp i rök.

Del II

Black Metal i samtidskonsten

–essä och intervjuer

En våg av svartkonst

En våg av svartkonst sköljde in över den svenska konstscenen under 2011. Det här året öppnade två utställningar: *Om ljuset tar oss* på Gävle Konstcentrum och *Nordic Darkness* på Kristinehamns konstmuseum som på olika sätta handlade om konstnärer som inspirerats av Black Metal och då framför allt den norska Black Metal scenen. Det var kulmen på en uppladdning som hade pågått under nästan ett decennium men som sedan snabbt skulle ebba ut.

Den norska Black Metal-scenen sände chockvågor genom Norge och resten av världen i början av 90-talet med sina blasfemiska texter och sin destruktiva livssyn som i sina yttersta konsekvenser ledde till kyrknedbränningar och mord. Denna negativa uppmärksamhet skulle paradoxalt nog leda till att subkulturen med tiden växte upp till en stor populärkultur. I centrum för uppståndelsen stod bandet Burzum och dess grundare Varge Vikernes som 1993 dömdes till tolv års fängelse för mordet på Euronoymus som var ledare för bandet Mayhem.

Burzums album *Hvis Lyset Tar Oss* från 1994 har som omslagsbild den norska konstnären Theodor Kittelsens (1857 – 1914) verk *Fattigman*. Ett verk som ingår i en serie som beskriver hur digerdöden drabbade Norge på 1300-talet. Det är en svartvit bild som visar en smal väg genom en tät skog med ett par korpar som kretsar kring kroppen av en död vandrare som ligger i diket. Kittelsen tillhörde de norska nationalromantikerna som vurmade för den vilda naturen, folksagorna och den ensamma människan i detta storslagna

mytiska landskap. Det är också en konstsyn som delas av de norska Black Metal musikerna. En blandning av skräckromantisk förtjusning för det makabra och naturromantiska storslagna ödemarker med en ensam vandrare långt från civilisationen trakter. Gruppen Immortals video *All shall fall* från 2010 skulle kunna användas som en mall för att göra en norsk Black Metal video. Den visar bandets medlemmar spelandes på en snöklädd fjälltopp i det norska landskapet. Videon ger en del associationer till den tyska romantikern Casper David Friedrichs målning *Vandrare ovanför dimhavet* (1818). När den amerikanska fotografen Peter Beste gjorde sin dokumentära fotobok *True Norwegian Black Metal* (2008) är ensamma svart-vit sminkade män som står i skogen ett återkommande motiv. Unga män som vänder civilisationen ryggen och söker sig till det ursprungliga. Längtan till det ursprungliga i natur eller mytologi kan i bästa fall leda till en form av romantisk eskapism men i värsta fall urarta mot sekterism och fanatism och leda till våldsamma handlingar. Oavsett så är de visuella uttrycken i Black Metal genren snarare konservativa och stereotypa med ett hopkok av gotik, skräckromantik och naturromantik än nyskapande. Nu ska den här essän inte handla om konstsynen hos bandmedlemmarna utan istället om hur samtidskonsten har inspirerats och använt sig av Black Metal i olika sammanhang.
I centrum hittar vi bandet Burzum och Varge Vikernes som inspirerat flera konstnärer. En av de första som började intressera sig för den norska Black Metal scenen är konstnären Bjarne Melgaard. På Galleri Lars Bohman i Stockholm visade han utställning *Sons of Odin* (2001).

Utställningen bestod av fotografier, teckningar och bronsskulpturer av bandmedlemmar från bland annat Burzum. Här fanns även citat och bilder på brinnande kyrkor som i nyhetsrapporteringen förknippades med genren. I filmdokumentären *Until the light takes* om den norska Black Metal scenen har utställningen fått en viktig roll och vi får i filmen följa bandmedlemmen Gylve "Fenriz" Nagell när han besöker galleriet i Stockholm. Under 2001 samarbetade Melgaard även med Frost som var trummis i bandet Satyricon. Vid en utställning på galleri Laura Pecci i Milano Italien genomförde Frost en performance med namnet *Kill Me Before I Do It Myself* där han i ett svartmålat rum sprutade eld och brände ner Melgaards teckningar som fanns på väggarna. Frost gick sedan till attack mot en vit soffa som han högg sönder med en kniv. Performancen gav utlopp för de destruktiva krafter som i många fall avspeglar sig i musiken och kulturen runt omkring.

Black Metal är nu en väldigt mansdominerad värld. De två norska konstnärerna Monica Winther och Kjersti Vetterstad har i projektet *Daughters of Valhalla* skapat en mer jämställd bild av den fornnordiska mytologin som är en viktig inspirationskälla för många Black Metal band. *Daughters of Valhalla* består av olika konstverk som utgår från en fri improvisation kring *Völvans spådom,* en dikt om jordens skapelse och undergång som finns i den poetiska Eddan. Völvor, nornor och valkyrior är några exempel på viktiga kvinnliga gestalter i den fornordiska mytologin. Tillsammans med de kvinnliga gudinnorna som Freja, Hel och

Idun skapar de en ganska jämställd och balanserad gudavärld vilken inte alltid framkommer i Black Metal musiken. I utställningen i Gävle 2011 medverkade konstnärerna med videon *The Giants of Yore* med musik från Burzums album *Balders död*. Det var Varge Vikenes fascination för äldre nordisk mytologi och att han delade konstnären Theodor Kittelsens intresse för norsk historia, myter och natur som gjorde att musikvalet i videon föll på Burzum enligt konstnärerna.

Trots sist stora genomslag inom musiken har inte Black Metal genren satt några större avtryck i den norska samtidskonsten. Men kanske kommer det nya generationer som låter sig inspireras av musiken? Linda K Røed som nyligen gått ut från Konsthögskolan i Oslo gjorde 2013 utställningen *When Listening To Black Metal Every Day*. Det är en utställning som till stora delar består av återanvända T-shirts från olika Black Metal band. Røed har till exempel gjort ett lapptäckte av T-shirts och i ett annat verk rivit sönder dem för att kunna skapa en väv av tygerna. Som titeln i utställningen säger så beskriver den en närmast besatthet av genren. Precis som i all annan form av idoldyrkan och fandom så genomsyras hela ens liv av musiken och återspeglas i vardagslivet genom merchandise och symboler som man bär på kroppen, sängkläderna man sover i eller andra objekt från banden som man omger sig med. En idoldyrkan som kan skapa en stor gemenskap med andra men som i sämsta fall kan leda till en nästan osund besatthet.

Musikens spridning över världen har dock inspirerat konstnärer från många andra länder. En av de som gjort sig känd för att skapa konst inspirerad av Black Metal är den amerikanska konstnären Banks Violette. Vid hans separatutställning *Untitled (Church)* på Whitney Museum of American Art 2005 visade han ett minimalistiskt verk som bestod av bjälkstrukturerna från en nedbränd kyrka. Bjälkarna var gjord av salt och den vita byggnaden var uppbyggd inne i ett svart rum och vilade på ett spegelblankt svart golv. Förlagan till verket var hämtad från Burzums EP *Aske*(1992) som på framsidan visar ruinerna av den nedbrända Fantoft stavkyrka. Till utställningen hade Banks bjudit in Snorre Ruch för att skriva ny musik till konstverket. Ruch var gitarrist i Black Metal bandet Thorns och var den som skjutsade Varg Vikernes den dagen mordet inträffade och dömdes därför till 8 års fängelse för medhjälp till mord. Hela Banks utställning kretsar kring bandet Burzum och den våg av mordbränder mot gamla kyrkor som svepte över Norge i början av 90-talet.

Förutom Banks finns det flera andra internationella konstnärer som på olika sätt har inspirerats av Black Metal. Den franska konstnären Michaël Sellam har skapat ljudskulpturen *Black Metal Forever*(2010) som är en fem meter svart hydraulisk lift med ljudsensorer. När liften rör sig genom rummet fångar den upp ljud som den förstärker och mixtrar till en brutal industriell Black Metal musik. Grant Willings har till exempel gjort en fotobok med titeln *Svart metall* som innehåller svartvita bilder inspirerade av omslag och miljöer från musikgenren. Terence Hannum arbetar med olika subkulturer och har både i olika installationer, målningar och ljudkonstverk hämtat inspiration från bland annat Black Metal. Petr Davydtchenkos video *Run Paint Run, Run* (2010) visar en blödande man som släpar på ett stort silverglänsande Mayhem-smycke genom snö, som en travestering av en Golgatavandring.

När det gäller Sverige lade band som Bathory och Mefisto redan på 80-talet grunden för den svenska Black Metal scenen. Idag finns det precis som i Norge en hel del internationellt kända band som Watain, Marduk och Dark Funeral. Det finns därför en hel del svenska konstnärer som vuxit upp med den här musikstilen och kulturen och som i olika grad hämtat inspiration till sin konst. Ett av de första exemplen är Roger Anderssons artists' book *Letters from Mayhem* (2004). Här blandas barndomsnostalgi med vuxenvärldens ångest i form av en ABC-bok för vuxna. I en serie akvareller har Andersson återskapat alfabetet med destruktiva och mörka undertoner fyllda med social misär och drogmissbruk invävda i barndomens idylliska lästräning. Mayhem kan allmänt översättas till förödelse, men är också namnet på ett känt norskt Black Metal-band.

Viktor Rosdahl var en av konstnärerna som medverkade i utställningen *Om ljuset tar oss* på Gävle Konstcentrum. I utställningen medverkade han bland annat med en modifierad målning föreställande omslaget till det norska Black Metal bandet Darkthrones album *Panzerfaust* från 1995. Ett album som för Rosdahl haft en viktig betydelse på ett personligt plan men också som inspiration i hans konstnärskap. Ett stort musikintresse för hårdrock och Black Metal förenar många av konstnärerna.

Även konstnären Haidar Mahdi lyssnade mycket på hårdrock i tonåren och det är något han har inspirerats av i sin avgångsutställning *Black Mass* från den Kungliga Konsthögskolan i Stockholm 2012. Verken i utställningen var utformade som en svart mässa med bland annat organiska överlastade kandelabrar och kakfat i keramik med detaljer som upp-och-nedvända kors. På Nordin Gallery visade Johan Bergström 2012 fotoprojektet *Pagan Postcards*. Bergström undersökte de norska Black Metal-bandens romantiska natursyn. Vykorten hade romantiserade foton från norska landskap med texter hämtade från olika bands låtar. Texterna beskriver i många fall naturen som något ont, kaotiskt och skrämmande vilket skapar en kontrast till bilden av landskapet. Hösten 2011 arrangerades på Skånes Konstförening i Malmö en svart mässa. Det var den Wienbaserade konstnären Yuki Higashino som utförde en performance där han blandade postmodern arkitektur, nordisk Black Metal och kompositörer från den klassiska musikgenren Holy minimalism. Tillsammans med den svenska curatorn Anna Norberg producerade Higashino också en exklusiv artists' book med titeln *Oppositions 666*.

Förutom de två samlingsutställningarna *Om ljuset tar oss* och *Nordic Darkness* så dök det under 2011-2012 alltså upp en del andra utställningar och konstnärer i Sverige som på olika sätt var inspirerade av Black Metal. Man skulle kunna beskriva det som en våg av svartkonst som svepte in över Sverige under en kort period, men den verkar inte ha haft någon långvarig effekt. Konstnärer har alltid intresserat sig för och använt sig av olika kulturer och fenomen i samhället. Det är naturligt att man i en sådan stor genre som Black Metal hittar konstnärer som lyssnat på musiken och använder den i sin konst. Men musiken utgör ofta bara en av många olika influenser i ett komplext konstnärskap. Varför det under 2011-2012 plötsligt dök upp flera utställningar som så tydligt var inspirerad av Black Metal är svårt att säga. Kanske var tiden och förutsättningarna de rätta? Kanske behövde vi en dos av det mörka och destruktiva i vår samtid? Vi kommer definitivt att se mer konst och utställningar inspirerad av Black Metal i framtiden. Även om Black Metal kan verka skrämmande, mörkt och destruktivt så dras vi omedvetet till och fascineras av alla dessa hemska känslor och uttryck.

Om ljuset tar oss

För den oinvigde är det nu lätt att falla ner i den mediala klichébilden av Black Metal bestående av satanister som sprutar blod på scenen, skändar gravar och bränner ner kyrkor. Precis som i alla musikgenrer finns det naturligtvis ytterligheter och extraordinära personligheter, Black Metal är inget undantag, men det utgör bara en liten del av musikgenren i stort. Det är snarare den mörka sidan i musiken som lockar de stora åhörarskarorna, ett mörker som är existentiellt och som har lockat människan sedan urminnes tider. Ett mörker man kan hitta Pieter Bruegel d.ä:s helvetesskildringar, i den gotiska romanen *Munken* av M.G Lewis, Goyas fasanfulla krigsskildringar eller Lovecrafts skräcknoveller för att nämna några exempel. Black Metal är heller inte längre en skrämmande musikstil för några få extrema personer utan har blivit både folklig och kommersiell, förmodligen till många Black Metal-fans stora fasa. Om man befinner sig utomlands och frågor människor vad de förknippar med norsk kultur så ska man inte bli förvånad om de nämner konstnären Edward Munch för att sedan uttryckte sin beundran för musikgruppen Dimmu Borgir.

Jag frågade Carl Bergström, Joakim Forsgren och Maja-Lena Johansson som var curatorer för utställningen *Om ljuset tar oss* på Gävle konstcentrum 2011: Vad det är som är så fascinerande med Black Metal i samtidskonsten?

Kan ni berätta om hur idén till utställningen föddes? Varför just Black Metal? Och hur kommer ni att samarbete med Getaway Rock Festival under sommaren?

Carl Bergström: Jag och Joakim Forsgren (som är konstnär och som har ställt ut på Gävle Konstcentrum tidigare) kom att tala om Black Metal och det kom direkt upp en idé om en utställning med samtidskonstnärer vars konst på något sätt har sin utgångspunkt i extrem hårdrock. Att Gävle Konstcentrum ligger inrymt i Silvanum, en byggnad som tidigare var skogsmuseum, innebar en tydlig koppling till Black Metal-världen där skogen fyller en viktig symbolisk funktion och ofta är platsen för bandfoton, skivomslag, musikvideor osv. Ett tag funderade vi på ett bredare utställningskoncept kring skog och mörker, men med tiden valde vi att helt fokusera på konstnärer med nära relation till Black Metal-scenen.

Redan från början talade Joakim om att arrangera en spelning med något framstående band inom genren, i skogen som kan ses från Konstcentrums panoramafönster, så när vi insåg att utställningsperioden sammanföll med Getaway Rock Festival kändes det naturligt att föreslå ett samarbete.

Konstcentrum söker samarbete för sina utställningar eftersom det finns vinster i att knyta till sig kompetens utifrån, men också för delfinansiering. Det handlar ju även om att festivalen så att säga finns där i juli varje år och har stort positivt genomslag – utanför Gävle såväl som i kommunen och regionen – och för oss på Konstcentrum är det en möjlighet att vara en del av ett större intressant sammanhang. Genom att visa en utställning som delvis uppmärksammar festivalen och som kan intressera nyfikna festivalbesökare och festivalartister, samtidskonstpublik och övrig konstpublik samt nyfikna i övrigt. Vi har fri entré och är inte beroende av besökssiffror för vår ekonomi, men har bland annat som mål med våra utställningar att nå ut till nya målgrupper och att få så många som möjligt att se dem.

Utställningen är tänkt att fungera på två plan, dels att genom tematiken få så många som möjligt av de ur hårdrockspubliken som normalt inte besöker oss att intressera sig för samtidskonsten i vår utställning och dels att belysa Black Metal för samtidskonstpubliken och övriga besökare.

Till utställningen fanns även en Spotify-spellista med utvald Black Metal musik. Vilka är era egna personliga erfarenheter och intressen för Black Metal?

Carl Bergström: Jag lyssnade på flera av banden i den första vågen av Black Metal på 80-talet. När svensk Death Metal började växa fram under slutet av 80-talet blev denna och annan extrem metal från hela världen (från den perioden) min musik. Jag tröttnade när svensk Death Metal slog igenom stort och började kommersialiseras runt 1991-92. Denna kommersialisering var också just vad den andra vågens norska Black Metal delvis var en reaktion mot. Jag valde att börja lyssna helt på annan musik än metal. Jag var intresserad av Black Metal under första hälften av 90-talet och läste det som skrevs och följde med i skivomslagsutformning och det rent estetiska kring Black Metal, men lyssnade inte på musiken. När jag provade att lyssna på Black Metal för några år sedan upptäckte jag att jag hade missat något, och att mycket av musiken är fantastisk.

Joakim Forsgren säger att han inte egentlig har någon relation till Black Metal-scenen, men har kopplingen musik-konst, då han både är aktiv som konstnär och basist i rockbandet the Scrags.

Maja-Lena Johansson: Jag lyssnade mycket på svensk Death Metal i början av 90-talet, även mycket annan metal. I min uppväxtstad var det många som spelade Death Metal och många band var väldigt inspirerade av Black Metal, scenshower, texter, filmer och andra attribut. Estetiken var fascinerande och jag dokumenterade många konserter. Det är väldigt intressant att 20 år senare åter dyka in i denna värld av symboler, berättelser och estetik. Att lyfta upp denna genre i konsten och belysa innehållet via musiken och låta konstverken få ta plats i samtidskonstens ibland ganska snäva plattform ser jag som en möjlighet att skriva samtidshistoria.

Utställningen har fått sitt namn efter ett album av den norska Black Metal gruppen Burzum och ni skriver på hemsidan att frontalfiguren Varg Vikernes personligen har gett tillstånd till att hans musik får användas i ett av

videoverken. Det är kanske inte helt oproblematiskt att dra in en person som Varg Vikernes i en utställning. Han betraktas av många som den stora Black Metal-gurun och har haft stor betydelse för att göra den norska Black Metal-musiken känd för resten av världen. Men Varg Vikernes är också en person som dömts till 21 års fängelse för mord och mordbrand efter att han mördade en bandmedlem och medverkade till att bränna ner ett antal gamla kyrkor i Norge. För många är inte Black Metal bara en musikstil utan i mångt och mycket också en ideologi som ibland tar sig extrema uttryck? Hur ser ni på den problematiken?

Carl Bergström: Utställningstematiken och intresset för Black Metal inom samtidskonsten *Om ljuset tar oss* är inte en i egentlig mening Black Metal-utställning utan en utställning med fyra samtidskonstnärer som använder sig av Black Metal på olika sätt i sin konst. Vi har tagit fram en informationsfolder till utställningen där besökarna kan läsa om detta. I texten om Petr Davydtchenko till exempel synliggörs tydligt den problematik du berör. På plats i konsthallen finns alltid utbildad personal som kan guida besökaren och svara på frågor som rör utställningens tematik och innehåll.

Joakim Forsgren: Black Metal handlar mycket om att bejaka människans mörka sidor, att närma sig en tänkt urkraft som finns förborgad bakom vår sociala fernissa. Den interna mytbildning som finns inom Black Metal-scenen och dess fokus på det fornnordiska intresserar mig. Den har många kopplingar till den nationella mytologi som jag har försökt förstå i mina konstnärliga arbeten som *Det främmande fäderneslandet* och *Längtan efter Ultima Thule*. Såväl bandet Ultima Thule som Burzum presenterar perverterade versioner av den fornnordiska mytologin. Hos Ultima Thule handlar det mycket om det ärorika i kampen, hos Burzum mer om mörka urkrafter och mystik. Varför det är mycket mer socialt acceptabelt att lyssna på Burzum är en intressant fråga. Sannolikt handlar det om att musiken, såväl som det estetiska ligger på en mycket högre nivå. I båda fallen handlar det om unga män som odlar sin egen världsbild utanför det samhälleliga etablissemanget. Utanförskapet fungerar som ett socialt kitt. Det skrämmande utgör en lockelse. Titeln *Om ljuset tar oss* pekar på en viss självmedvetenhet. Hur förhåller vi oss till våra mörka sidor?

Jag tror att det är just den frågeställningen som förenar konstnärerna i vår utställning. Black Metal är en väldigt fysisk genre, där självoffer och att pressa sig till ett extatiskt tillstånd är centrala beståndsdelar. Allt dras till sin spets; musiken, klädsel, scenshow. Ironin och självdistans har sällan någon plats.

Vad är förklaringen till att det idag verkar finnas så många konstnärer som intresserar sig för den här musikstilen? Vad är det som lockar? Och finns det någon förklaring till att det just nu verkar vara en "peak" för Black Metal i konsten. Samtidigt med er utställning visar Kristinehamns

konstmuseum utställningen *Nordic Darkness* med en del konstnärer som också har inspirerats av Black Metal?

Joakim Forsgren: Black Metal-vågen i Norge kan ses som ett svar på en slags kulturell skenhelighet. Kanske samtidskonstens intresse för genren kan ses som en reaktion mot en konstvärld som är för upptagen med interna intellektuella krumbukter. Även konstnärer som ofta förknippas med Black Metal, har inte sällan en distanserad och ganska kall blick som står i motsats till konstnärerna i vår utställning, där alla konstnärer har väldigt fysisk och kroppslig ingång i sitt skapande. De betraktar inte den våldsförhärligande Black Metal-scenen på avstånd, utan går i direktkollision med den för att se vad som trillar ut som ny kunskap om dem själva och vår samtid.

Black thorns in the white cube

Amelia Ishmael är konstnär och har varit verksam som lärare och forskare vid School of the Art Institute of Chicago och är förmodligen ganska ensam om sitt forskningsområde: Hur konstnärer inspireras av Black Metal. Förutom att skriva och forska om ämnet var hon curator för vandringsutställningen *Black Thorns in the White Cube* med konst inspirerad av Black Metal som turnerade i USA under 2012. Ishmael är också medredaktör för den akademiska journalen Helvete, som skriver om Black Metal-teori.

När började du intressera dig för Black Metal och när insåg du att du ville börja forska om Black Metal i samtidskonsten?
När jag bodde i Florida, för 14 år sedan, gav en vän till mig ett black metal-mixband. Musiken var helt annorlunda från allt annat jag hade hört tidigare. Den var både störande och svår. Den gjorde mig nervös och exalterade på samma gång. Jag spelade bandet tills det gick sönder.

Jag flyttade till Chicago 2009 för att studera konsthistoria. Musikscenen i Chicago är fantastisk. Jag såg band som Locrian, Nachtmystium, Sun O)))... och en del post-rock experimentjazz och ljudkonstnärer. Att studera konsthistoria var en stor förändring från mitt tidigare arbete i ateljén, och jag insåg att jag vill skriva om hur musiken som konstnärer lyssnade på i sina ateljéer påverkade och överfördes till deras konst. Det finns en stor del konstnärer och designers som refererar till hårdrock i sina arbeten, ändå finns det väldigt lite seriösa skrivit om detta. När jag började prata med konstnärer om mitt intresse upplevde jag att det fanns ett stort intresse och nyfikenhet för ämnet. För mig verkade det som om det verkligen saknades och behövdes forskning på området. Så småningom insåg jag att jag var mest intresserad av hur black metal påverkade konstnärer och resten är så att säga historia.

Vad går ditt forskningsarbete ut på?
När jag började mitt forskningsarbete hittade jag väldigt lite skrivit om ämnet. Jag visste att det fanns en koppling mellan den musik konstnärer lyssnade på och vilken typ av konst som de skapade, men jag visste inte hur jag skulle skriva om det. Jag kombinerade mina kunskaper från konsthistoria med tekniker som användes i visual culture studies: jag studerade skivomslag och promotionbilder, sedan vände jag mig till musikkritik, musikteori, journalism, cultur studies, dokumentärvideo och konstkritik. Jag talade med konstnärer, gjorde ateljébesök och besökte förstås väldigt många metalkonserter.

Även om Black Metal är ett internationellt språk, inriktar sig min nuvarande forskning på konstnärer verksamma I USA. Som Brandon Stosuy påpekade i en artikel 2009 till Black Metal Theory-symposiet, så finns det många komplexa frågor i amerikansk Black Metal som är värda att utforska. Jag har också upptäckt att det varit en tillgång att kunna använda mina egna erfarenheter från den här kulturen som referenspunkter.

I mitt arbete fokuserar jag bara på en fråga när det gäller black metal-inspirerad konst, och det är hur en visuell frånvaro skapas i verken för att ge plats för musiken. Genom att undersöka fotografier, målningar och skulpturinstallationer av Grant Willing, Terence Hannum och Banks Violette diskuterar jag hur ljudmiljön uttrycks i landskapet, på konsertscenen och i galleriinstallationer. Om man inte erkänner att det finns ett särskilt Black Metal-språk eller uttryck, eller att det finns ett samband mellan ljud och bild i konstverken, kan man inte heller fånga och identifiera den intensiva ljudaktivitet som pågår i tomrummet.

Black Metal är en väldigt mansdominerad värld. Hur är det att vara en kvinnlig forskare inom ett sådant område? Jag förmodar att det inte blir lättare av att den akademiska världen inte direkt öppnar sin famn för forskning om en populärkultur som Black Metal?

Det är en mycket intressant fråga... som jag inte riktigt har funderat kring ännu, vilket är lite ironiskt eftersom idén till projektet uppstod efter en genuskurs som jag tog för min handledare Maud Lavin. Det finns inte så många kvinnor som är involverade i den här diskussionen. Aspasia Stephanou samtalade med mig på Black Metal Theory Symposium i London, och Elodie Lesourd har gjort en del arbeten för C.S. journal... Jag hade en kvinnlig student förra terminen som vara sångerska i ett Black Metal band... men det är sällsynt.

Spänningen mellan metalanhängarna och den akademiska världen är starka och kommer inte att försvinna i första taget. För någon som älskar både Black Metal och konsthistoria, så rör jag mig över gränserna mellan två grupper som sällan möts. Så jag hör en hel del konsthistoriker som klagar på att mitt projekt är för mycket populärkultur, eller så förväntar de sig att jag bara ska skriva om historien bakom Black Metal-musiken, eller så tycker de att det är olämpligt att jag skriver om så unga konstnärer. En del metalfans klagar på att de konstnärer som jag har valt inte är tillräckligt äkta, och tycker inte det är lämpligt att jag skriver om Black Metal med akademiska termer. Jag förstör illusionen av det rena och äkta som finna i båda lägren, vilket jag tycker är en viktigt att göra. Alltid.

Vad kännetecknar Black Metal-konst?
Black Metal brukar vara extremt schematisk. Black Metal= Norge + ensamhet på isiga berg + svart läder och spikar + kroppsmålning + kriminella musiktendenser. Det finns fortfarande en hel del romantisering kring vissa av dem här idéerna, men överlag är den här definitionen ganska tråkig. De konstnärer som intresserar mig mest är de som har sammansmälter de här influenserna och blandat in samtida idéer för att skapa nya utmaningar.

Vilket betyder, att välja konstnärer att arbete med har varit en personlig utmaning. Inte alla av mina kamrater eller de konstnärer som jag har valt har varit överens med mig eftersom Black Metal betyder olika saker för olika personer, vilket jag tror är en del av själva iden. Det finns fortfarande ett stort intresse inom Black Metal för det ockulta, individen, det okända, extrema upplevelser... men det är inte längre självklara regler. En stor del av mitt arbete har därför gått ut på att försöka utveckla en arbetsmetod för att definiera vad Black Metal konst är.

Hur ser du på framtiden för Black Metal som ett akademiskt ämne?
Baserat på vad jag har sett så här långt, så tror jag att mitt arbete vill uppmuntra till fler diskussioner, och till fler tvärvetenskapliga diskussioner. Jag hoppas att jag kan få bort några av de förlegade stigmata som finns förknippat med Black Metal och att de som är intresserade i ämnet men som ännu inte har tagit del av diskussionen vågar att göra det.

Det är också medredaktör för en ny akademisk journal som heter Helvete. Kan du berätta om den och din roll?
Helvete journal är ett utmärkt tillskott till diskursen kring Black Metal-teori. För närvarande är jag medredaktör för papers, och curator för sidor om konst i det första numret "Incipit" som kommer ut i mars 2012. Sidorna som jag är curator för är öppna för bidrag. Även om jag redan har fått en del bidrag så har jag ingen aning om hur projektet vill se ut i slutänden.

Samtidigt med Helvete-projektet curaterar jag en utställning med konst inspirerad av Black Metal. Utställningen *Black Thorns in the White Cube*, kommer att turnera genom den dunkla mellanvästern i USA. Den kommer att öppnas i januari 2012 på Paragraph Gallery in Kansas City och avslutas på Western Exhibitions i Chicago.

Jag är väldigt spänd på båda projekten som för samman en hel del fantastisk konst som jag kommit över och som jag nu kan dela med mig till en större publik. Jag ser också fram emot att de här projekten kommer att sätta igång fler samarbeten mellan BlackMetal teori och samtidskonsten.

Nordic Darkness

Är Black Metal och konst inspirerad av Black Metal ett resultat av att vi lever i en tid som blivit mörkare, dystrare och mer skrämmande det senaste decenniet? Johan Zetterquist och Staffan Boije af Gennäs tyckte sig kunna urskilja starka mörka strömningar på den nordiska konstscenen. Deras iakttagelser resulterade i utställningen *Nordic Darkness* som pågår fram t.o.m. den 28 augusti på Kristinehamns konstmuseum. Jag intervjuade bägge kuratorerna om mörkret i samtidskonsten.

Nordic Darkness är en utställning som tar fasta på de mörka sidorna i samtidskonsten och det finns även en hel del referenser till Black Metal-scenen. På vilket sätt tycker ni att Black Metal har inspirerat och påverkat den nordiska samtidskonsten?
På ett visuellt plan har Black Metal inspirerat många. Black Metal är en väldigt visuell företeelse. Några av konstnärerna som är med i *Nordic Darkness* har en nära relation till Black Metal. Så som Roger och Daniel Andersson och Banks Violette. Dom har all tre närmat sig Black Metal på sitt eget sätt. I en förlängning blir en fascination för Black Metal en fascination för ondska. Speciellt de båda Anderssonarnas arbeten känns som en studie i ondska.

Ett kulturellt fenomen dyker sällan upp helt isolerat. Att Black Metal dyker upp samtidigt som många konstnärer – som aldrig haft något samröre med musikgenren – arbetar med en eller annan typ av mörker i sin konst, är ingen tillfällighet. Black Metal är det tydligaste uttrycket för "det samtida mörkret". När vi började arbetade med utställningen blev det en naturlig referens.

Det finns något så direkt i Black Metals uttryck, i upplevelsen av musiken, något musikaliskt som övergår i något påtagligt fysiskt. Upplevelsen är estetiskt smittsam. Att kunna ge ett motsvarande visuellt uttryck är lockande.

Banks Violett (USA) har den mest direkta kopplingen till den nordiska Black Metal-scenen av de deltagande konstnärerna. Om man vill hitta en visuell koppling till musiken så gör man det i hans konst.

Hur är ert eget förhållande till black metal?
Johan Zettequist: Jag har ett ganska intensivt förhållande med Black Metal. Lyssnar mycket på lite äldre vilket jag tycker är den mest vitala och musikaliskt intressantaste. Darkthrone, Burzum tidiga Mayhem och så älskar jag Striborg.

Staffan Boije af Gennäs: Jag lyssnar inte särskilt ofta på musik – generellt. Däremot tycker jag att Black Metal som fenomen är mycket intressant. Fascinationen har gjort att jag börjat gå på några konserter och försökt förstå mig på musiken.

Skulle man kunna säga att utställningen speglar en samhällsförändring, att vi helt enkelt lever i en tid med

finanskriser, ökande rasism, miljöhot och naturkatastrofer, där framtiden ter sig så mycket mörkare och dystrare ut än tidigare och att det avspeglar sig i konsten? Men å andra sidan finns det även äldre verk i utställningen av August Strindberg och Carl Fredrik Hill. Mörkret är kanske något som konstnärer alltid har intresserat sig för? Mörkret är på intet sätt nytt, inte finanskris, miljöhot, rasism eller existentiellt personligt mörker heller. I utställningen finns representanter för många sorters mörker. Matias Faldbakken och Gardar Einarssons *Heroin soffa*, Niklas Enebloms pundare i en 242:a på en landsvägsparkering står för ett samhällsmörker emedan Christine Ödlunds och C F Hills teckningar speglar ett personligt mörker.

Att vi kom på iden att göra utställningen var att vi såg en tendens i konsten – i synnerhet i Sverige, Norge och Finland. Att vi valt att visa Strindberg, Hill, Roy Friberg och Theodor Kittelsen är dels för att de rent visuellt passar in i den samtida konsten. Dels för att visa detta "mörker" inte är någon nyhet, utan snarare något återkommande.

Det finns säkert bakomliggande samhällsförändringar av den typ du nämnt som ligger bakom gråskaleförskjutningen. Det är svårt att ge något svar entydigt svar på de samband som ligger bakom förändringarna. Det som där emot är klart är att de resulterat i en hel del bara konst.

I katalogen skriver ni at det var svårt att hitta några bra exempel på danska konstnärer som passade in i

utställningen. Det låter anmärkningsvärt. Vad tror ni att det kan bero på?

Staffan Boije af Gennäs: Vi letade men kunde bara hitta några få verk som var intressanta för utställningen från Danmark. Att det var en så markant skillnad i tillgången på konst med en mörkare tematik i förhållande till Sverige, Norge och Finland var lite oväntat. Jag antar att det inte finns samma tradition att falla tillbaka på i Danmark. De föredragna motiven i konsten i Danmark, historiskt, är grått novemberväder. Vinternatten är mer grå än nattsvart. Här finns ingen skog man kan gömma sig i och inga berg man kan hoppa ner från om man tröttnat på allt.

År efter år blir danskarna, enligt någon internationell statistisk undersökning, utnämnt till världens lyckligaste folk. Utnämningen – hur lättvindig den än är – måste ändå säga något om kulturen. Vill man leta efter tungsinne gör man nog klokast i att gå någon annans stans. Att Black Metal-scenen är betydligt mindre i Danmark än i Sverige, Norge och Finland är kanske inte ett helt obesläktat fenomen med gråskalan i konsten att göra.

Hur tycker ni att mottagandet av utställningen har varit hittills?

Staffan Boije af Gennäs: Det är väldigt många bra verk med i utställningen. Lokalt, i Kristinehamn, fanns det kanske en del som var liter reserverade till utställningen... Men efter de sett utställningen släppte förbehållen. Frågan är hur många av dem vi mött i Stockholm, Göteborg och Köpenhamn som sagt att de ska åka upp till Kristinehamn och se utställningen, som lyckas komma dit. Det är ändå en rimligt lång resa. Det "geografiska motståndet" har också en egen charm – folk talar om utställningen, men inte så många av dem kommer för att se den. Den hör också hemma i ett museum ute i skogen. Vi är ganska nöjda med att den hamnade där och inte någon av våra större städer. Flera av de deltagande konstnärerna var också förtjusta i det geografiska läget. Mörker får aldrig bli allt för publikfriande. Det måste ha ett visst motstånd.

Daughters of Valhalla

De norska konstnärerna Monica Winther och Kjersti Vetterstad medverkade i utställningen *Om ljuset tar oss* på Gävle konstcentrum med samarbetsprojektet *Daughters of Valhalla*. Videoverket består av tre delar som anspelar på fornnordisk mytologi och Black Metal. Jag frågade Winther och Vetterstad vilken betydelse Black Metal har haft för deras konstnärskap och om den norska Black Metal musiken egentligen har något större inflytande på den norska samtidskonsten.

Vad handlar verket *Daughters of Valhalla* om?
Utgangspunktet for utstilingen i Gävle var kuratorenes Carl Bergström, Maja-Lena Johansson og assisterende kurator Joakim Forsgräns interesse for svart-metall, og kunstnerskap som er influert av den andre svartmetall-bølgen i Norge på begynnelsen av 90-tallet. Vi ble i denne forbindelsen invitert til å medvirke med videoen *The Giants of Yore*. Videoen er, som presentasjonen av arbeidet antyder, en del av et større, pågående prosjekt med tittelen *Daughters of Valhalla*. Prosjektet har Valuspå (Volvens spådom) – det første diktet i den eldre Edda – som utgangspunkt.

Volver var i Norrøn mytologi sannsigersker som utøvde spådomskunster og magi. I Valuspå forteller en volve Odin om verdens skalpelse, for så å spå guden Balder's død og Ragnarok; endetiden for mennesker og guder. I videoen *The Giants of Yore*, vandrer to jotner gjennom et snødekket, naturskjønt landskap. De stopper opp innimellom for å spise, drikke og sloss. Jotnene var enorme skapninger som hold til i Utgard, den siste av de tre verdnenen under det evig levende treet Yggdrasil. *The Giants of Yore* (Jotnene fra opphavstiden), nevnes allerede i 2. vers av Valuspa, når volven minnes skapelsen av verden. *The Giants of Yore* er den første i en planlagt serie video-verk som tar for seg ulike skikkelser og hendelser fra Valuspå, hvor elementer fra norrøn mytologi og samtid møtes, og flettes sammen.

Musikken som akkompagnerer videoen er hentet fra Burzum's album *Dauði Baldrs* (Balders død). Tittlene på komposisjonene er "Í Heimr Heljar" og "Bálferð Baldrs. Burzum's musikalske tolkninger av historier fra den Norrøne mytologien, i kombinasjon med hans nyskapende musikalske uttrykk, har gjordt det meningsfult å bruke Burzum som materiale i prosjektet.

Varg Vikernes – mannen bak Burzum – delte kunstneren Theodor Kittelsens (1857 – 1914) fasinasjon for norsk kultur, historie, og natur, og brukte flere av hans motiver som cover til utgivelsene sine. Et eksempel på dette, er coveret fra albumet *Hvis Lyset Tar Oss fra* (1994), som er hentet fra Kittelsens fremstillinger av tiden Svartedauden herjet i Norge. Videoen er filmet i Sigdal, i nærheten av Laulia, hvor Kittelsen levde i de ti mest produktive årene av sitt liv, som landskapsmaler, og som illustratør av norske folke-eventyr og skikkelser fra norsk folketro.

I utsillingen *Om Ljuset Tar Oss*, viser vi også verket *Heimdall – Valhalla border surveillance*; et 6 meter høyt grensevakttårn, og *The arrival of Fenrir*; et postkort som avbilder en skikkelse med svart hår, kledd i ulveskinn, som sitter på huk i et svart, goldt landskap av stein og spiller på en beinfløyte. Bildet er tatt i Helvete, i Norge. Begge arbeidene er en del av *Daughters of Valhalla* prosjektet som har blitt utviklet under planleggingen av utstillingen i Gävle.

Daughters of Valhalla kan i sin helhet sees som en fri improvisasjon rundt Eddadiktet, og som en tolkning av volven's spådom, og hennes rolle som historieforteller og sannsigerske inn i en samtidskontekst. De ulike arbeidene reflekterer rundt menneskets behov for søken etter identitet gjennom egne kulturelle og mytiske røtter, i en medie-synkroniserte, markedsstyrt, og globaliserte verden, og problematiserer de komersielle kreftenes bidrag til konstruksjon av national identitet, og eksotifiseringen av kultur og natur som dette fører med seg.

Vilken betydelse har Black Metal haft för era konstnärskap?
Selv om vi begge har en forkjærlighet for svart-metall, har musikk-genren ingen betydelig plass i våre kunstnerskap, utover dette spesifike prosjektet. I videoen *The Gianst of Yore*, er bruken av Burzum's musikalske utrykk og svart metallens estetiske koder et konseptuelt grep. Når det er sagt, så kan 90-tallets svart-metall – med Burzum som sentral bidragsyter – sees som et nytt språk som skilte seg radikalt fra andre musikalske uttryksformer. Det er jo ekstremt

fascinerende og interessant i seg selv. Energien som finnes i musikken, idéen om kaos som en ideell tilstand, og utforskningen og annerkjennelsen av de mørke og destruktive kreftene vi alle har i oss, er også tanker og holdninger som er inspirerende, i forhold til kunsten, og i forhold til eksistensen. For den eldre generasjonen av tilhengere, og for musikk-vitere, er jo svart metallen "død", dvs den bærer ikke lenger i seg en subversiv kraft, og det tilføres ikke lenger musikken som uttrykkform noe nytt. Under tiden hvor musikk-butikken Helvete eksisterte, og ble drevet av Øystein Aarseth – daværnede gitarist i Mayhem – opererte svart metall musikerne etter DIYS-prinsippet. Musikken ble produsert med minimale økonomiske midler, og distribuert til et lite, dedikert publikum. Svart metallen er nå for lengst kommersialisert. Den har entret mainstream kulturen, og går visst nok for å være Norges største kulturelle eksportvare.

Så har den norsk Black Metal musiken egentligen haft något större inflytande på den norska konstscenen?
Det finnes ikke noen utpreget stor interesse for svart-metall i Norsk kunst så vidt oss bekjent. Musikk-genren kan i dag kategoriseres som en litt sær variant av norsk mainstream-kultur, og taes i bruk – som materiale, eller som referanse – av kunstnere, på lik linje med andre populær-kulturelle uttrykk

Svartmässa på Bragegatan 15 i Malmö

En kväll i början av oktober kunde man uppleva en Black Metal performance på Skånes Konstförening i Malmö. Det var den Wienbaserade konstnären Yuki Higashino som utförde en performance där han blandade postmodern arkitektur, nordisk Black Metal och kompositörer från den klassiska musikgenren Holy minimalism. Yuki Higashino förklarar vad som hände på scenen den där söndagskvällen i oktober:

Yuki: Jag höll en PowerPoint presentation om arkitektur som presenterades som om det var en Black Metal konsert. Jag hade gjort ett arkitetoniskt förslag om att förvandla San Catalda, kyrkogården i Modena i Italien, ritat av Aldo Rossi till en rekreationsplats för postmoderna arkitekter, Black Metal musiker och Holy minimalism kompositörer. Bildspelet ackompanjerades av ett collage av instrumentella stycken från Black Metal och Holy minimalism. Jag läste också en text av Aldo Rossi som om det var en Black Metal text.

Efter sin performance presenterade Yuki Higashino och den svenska curatorn Anna Norberg en exklusiv artist book: *Oppositions 666*. *Oppositions* var ursprunglingen en arkitektonisk tidskrift som publicerade på The Institute for Architecture & Urban Studies i New York mellan 1973 till 1984. Tidningen redigerades av Peter Eisenman och andra nu berömda arkitekter. I *Oppositions 666* finns därför ett urval artiklar från tidigare årgångar av tidskriften Oppositions blandat med anteckningar från Annas Norbergs dagböcker, samt teckningar och symboler hämtade från Black Metal musiken.

Anna: Under sju dagar skrev jag dagbok, eftersom det gav mig möjlighet att experimentera med formen. Dessutom ville jag blanda mina egna personliga erfarenheter med forskningsmaterial och konsthistoriska analyser och fakta. Under tiden jag gjorde min undersökning besökte jag en liten stad i Turkiet. Mixen mellan Black Metal materialet som jag såg, lyssnade på och läste, tillsammans med mitt personliga äventyr i denna lilla staden, gav mig en massa idéer för mitt skrivande.

Varken Anna eller Yuki är nu några uttalade Black Metal fans:

Anna: Jag är inte något Black Metal fan. Jag tycker en del av musiken är intressant. Hur den fångar och skapar vissa känslor eller sinnestillstånd. Men det är inte den typ av musik jag skulle lyssna på utan ett visst syfte. Min relation till Black Metal är baserad på mitt intresse för visuella språk. Subkulturen Black Metal tycks sakna, åtminstone i min mening, självdistans eller kanske ironi - inte för att jag har en aning om hur det skulle uttryckas. Som konsthistoriker kan jag hitta intressanta diskussioner och frågor i den visuella kulturen av Black Metal.

Yuki: Mitt intresse för Black Metal är nästan rent sociologiskt / historiskt. Det är sant att jag gillar några av banden musikaliskt, särskilt Burzum, men det var inte det som gav mig inspiration till min performance. Jag har inget personligt engagemang i metalscenen bortom min iTunes samling.

Det var istället genrens visuella och sociologiska aspekter som intresserade Yuki och Anna som konstnär och konsthistoriker:

Anna: Black Metal har en märkliga blandning av referenser och användning av bilder från 1800-talets nationalromantik, bourgose objekt och naturfotografering, ett uttryck för ondska, död, satanism och Asatro - alla presenterade ganska minimalistiskt i svart och vitt, med en touch av "gör det själv" och dålig smak. Ett bildspråk som är lätt att känna igen, men svårt att relatera till.

Yuki: Jag är intresserad av kulturella situationer där konstgjorda produkter med inslag av historisk postmodernism blir normaliserade och en del av det samtida samhället. Hevay Metal är ett exempel på en postmodern genre där allt är simulerat och konstgjort, både musiker och publik är teatrala.

Deras tro på satanism är speciellt talande för den här föreställningen och den uppenbara avsaknaden på verklighetsförankring som skapas för att kunna konsumera mera, vilket är ett totalt avsteg från det modernistiska strävan efter äkthet. Drivkraften bakom postmodernism är att producera föreställningar som ännu mer övertygande, trots att alla vet att det rör sig om föreställningar. I detta avseende kan Black Metal ses som den ultimata postmoderna produkten, en bluff så övertygande att även dess producenter tog den på riktigt.

Så vad har då postmodern arkitektur, nordisk Black Metal och Holy Minimalism gemensamt?

Yuki: Som konstnär är det viktigare för mig att förstå representation av ett fenomen snarare än hitta en sanning, så min forskning om Black Metal var från början en undersökning om högerpopulism. Den här typen av extrempolitik är central i mitt konstnärskap och jag försökte visa på den ambivalens som finns i den italienska postmodern arkitekturen, nordiska Black Metal och östeuropeisk Holy Minimalism. I alla tre finns historicismen som ett verktyg för att rättfärdiga den ideologiska förvirringen. Det är intressant att notera att trots deras skenbara skillnader, är dessa gruppers syn på Europeisk historia och kultur jämförbara.

Pagan Postcards av Johan Bergström

På ett snöklätt berg stor två långhåriga medelålders män och spelar elgitarr i den bistra kylan. Som i de flesta av det norska Black Metal-bandet *Immortals* musikvideor befinner sig bandet ute i det bergiga, karga och isiga norska fjällandskapet. Fascinationen för den vilda naturen, den mörka täta skogen och de branta bergen med de svindlande avgrunderna, som är så typisk för Norge, återkommer ständigt i de norska Black Metal-bandens bildvärld. Kanske har Immmortals videoproducent sneglat på romantiker som Caspar David Friedrich och hans målning *Vandraren över dimhavet* (1818)? I Friedrichs målning ser vi en ensam vandrare som står på toppen av ett berg och ser ut över det dimklädda landskapet lång därnere. Eller kanske har han hämtat inspiration från de norska nationalromantikerna med Johan Christian Dahl i spetsen?

Fotografen Johan Bergström senaste fotoprojekt *Pagan Postcards* undersöker den norska Black Metal-bandens romantiska natursyn, men är den egentligen så romantisk? Även om banden gärna poserar i den vilda naturen långt från civilisationen så talar texterna i många fall om naturen som något ont, kaotiskt och skrämmande. I den här intervjun berättar Johan Bergström mer om utställningen och om sin syn på Black Metal.

Varifrån kommer ditt intresse för Black Metal och på vilket sätt har genren inspirerat ditt konstnärskap?

Jag kan inte påstå att jag har haft någon nära relation till Black Metal-scenen, men jag har följt den under åren via litteratur, intervjuer, dokumentärer och sporadiskt lyssnande. Det finns så många intressanta spår inom Black Metal som har fått mig att komma tillbaka till den, som mörkrets attraktion, civilisationskritiken, sentimentaliteten samt glappet mellan de teatrala inslagen och autenticitetsbehovet. Dessutom är musiken så drabbande så att det är svårt att värja sig. Det faktum att Norge kom att utgöra plattformen för den andra vågen av Black Metal och genrens nära relation till naturen blev till slut utgångspunkten för arbetet *Pagan Postcards*. Oundvikligen så betraktar jag scenen utifrån och det är inte något jag hymlar med utan snarare försöker synliggöra i mitt arbete. Jag har inte tidigare integrerat Black Metal i mina arbeten men om man blickar bakåt så innehåller de flesta av mina arbeten mörka stråk som tar sig olika uttryck.

I dina fotografier har du klippt in citat från olika sånger. Hur valde du ut citaten?

Min utgångspunkt var som sagt norska band under den andra vågen av Black Metal. För att sätta gränser för mig själv så läste jag låttexter från ett hundratal album utgivna av de mest framträdande norska banden under 90-talet. Jag såg det som mest relevant att utgå från de band som etablerade och definierade uttrycket för den nya vågen. För att nämna några så har jag citerat Mayhem, Darkthrone, Burzum, Immortal, Emperor, Enslaved, Satyricon, Thorns och Ulver. Totalt handlar det om ett 20-tal band. Utifrån detta material har jag valt ut korta textfragment som berör naturen, vägen mot mörkret och sentimentaliteten. Texterna som jag använder ska absolut inte ses som en essens av genrens budskap. Jag har medvetet valt texter som taget ur sitt sammanhang kan tolkas på flera sätt.

I bilderna finns det en oroväckande kontrast mellan de mäktiga, vackra landskapen och citat som *This is war* **och** *The water is my blood***. För mig verkar det som om naturen för många Black Metal-band symboliserar kaos, mörker, krig och inte direkt det där fridfulla, kontemplativa som romantiken eftersträvade. Men du ser andra samband mellan romantikens idévärld och musikstilen Black Metal?**

Absolut, jag menar att det kanske inte just i det norska romantiska landskapsmåleriet, men i romantikens idévärld i allmänhet finns beröringspunkter med Black Metal vad gäller civilsationskritiken, idealiserandet av det förflutna, strävandet efter individualism och hyllandet av hjälten eller den ädla vilden. Under romantiken ägnades också stort intresse för folktro, mysticism, andlighet, ockulta ritualer och studier i ondskans väsen. I båda fallen så menar jag att naturen får stå som symbol för det otämjda eller det förflutna, helt enkelt en motbild till det moderna, civiliserade, ytliga och materialistiska samhället. Jag tvivlar på att de delar samma utopi, men ville helt enkel se vad som uppstår när man för dem samman. Innan jag reste till Norge för att samla material hämtade jag inspiration från romantiskt måleri, och däribland de norska konstnärerna Johan Christian Dahl, Hans Gude and August Cappelen.

Kan du berätta om var fotografierna är tagna. Har platserna någon speciell anknytning till Black Metal?

Fotografierna är i grova drag tagna inom det område som Oslo, Bergen och Trondheim och tillsammans ringar in. Platsen i sig var inte viktig på annat sätt än att det var ett norskt landskap. Den som söker BlackMetal-kuriosa i mina landskap får leta länge. Min ambition var att avbilda den norska naturen i alla de former som avhandlas i Black Metal-texter, från fjordarna upp till högfjällen. Detta genomfördes under två resor ensam i en bil och kan beskrivas som en slags dérive i norsk obygd med Black Metal som soundtrack.

Black Metal som frusen keramik

Den Belgiska designern Christophe Szpajdel fick förra året sätta tänderna i Walker Art Centers logotyp. Eftersom Szpajdel tillhör en av de flitigaste anlitade designers av Black Metal-logotyper (han har till exempel skapat logotyper till band som Emperor, Enthrone, Moonspell och Old Man's Child), så blev naturligtvis resultatet en Black Metal-inspirerad logga. Det går knappast att ta miste på en typisk Black Metal-logotyp. Formspråket består för det mesta av snirkliga, organiska bokstäver med inspiration från t.ex. gotiken, keltisk konst och jugend, som överdrivits i en överflödig, överdådig nästan oläslig barocktung svulstighet. Walker Art Centers logga framstår i sammanhanget som återhållsam och nästan minimalistisk jämfört med många logotyper inom Black Metal genren.

Det är kanske inte så underligt att konstnären Haidar Mahdi känner en viss släktskap med Black Metal-genrens visuella språk när han skapar sin organiska detaljrika och överlastade kandelabrar och kakfat i keramik. I sin masterutställning 2012 på Kungliga Konsthögskolan visade Mahdi *Black Mass*. En utställning där han undersökte hur Black Metal-musik formmässigt kunde överföras till keramik. I vanliga fall brukar man säga att arkitektur är frusen musik, men i Mahdis fall är det snarare musiken som frusit till keramik. I den här intervjun berättar Haidar Mahdi mer om utställningen och sitt förhållande till Black Metal.

Kan du berätta vad som var utgångspunkten till utställningen *Black Mass* och vad det är i Black Metal genren som intresserade dig?

Att Black Metal blivit ett tema för min konst faller sig ganska naturligt. Hårdrock har varit mitt största intresse sedan sjunde klass och jag är förvånad över att det tog mig närmare 25 år innan jag kom på idén att ta mitt största intresse – vid sidan av mitt konstnärskap såklart – musik (rock'n roll, hårdrock och annat i den riktningen) och föra in det i mitt konstnärliga arbete. Det borde ha varit självklart för länge sedan. Jag känner till kulturen efter åratal av hängivenhet, och när jag ser på den som en källa till mitt konstnärskap ser jag många intressanta saker och ingångar. Jag tänker då på alla detaljer som till exempel nitar, eller att svart är den färg som återkommer i allt från kläder till hår.

Jag jobbar först och främst med lera, och det är alltså mötet mellan keramik och Black Metal som intresserar mig mest. I kontrasten mellan mjukt och hårt, där leran och keramiken får stå för det mjuka och Black Metal för det hårda, uppstår en motsägelsefull kombination som är oerhört spännande. Leran kan ju uppfattas som ett konventionellt och traditionsbundet material. Uppfattar man den så känns avståndet till Black Metal väldigt stort. Lera förknippas ju dessutom ofta med någonting mossigt och töntigt, eller så romantiserar man materialet som något som vi fått av moder jord, eller så förknippar man keramik helt och hållet med kvällskurser och fika. Min erfarenhet är dessutom att leran har en ganska låg ställning i konstkretsar och för många är den något väldigt ointressant. Keramik är keramik. Punkt slut. Jag trivs med att jobba i ett material som starkt förknippas med ting utanför konstvärlden. Men bara för att jag trivs med det betyder det inte att jag vill jobba utanför konstvärlden.

Vad är ditt eget förhållande till Black Metal?

När jag lyssnar på musiken känner jag ondska och hat men framför allt allvar. När dessa band uppträder är det inte ovanligt med grisblod och kadaver på scen. Deras brutala och hårda sätt att sprida satans ord fascinerar mig, och den känsla som Black Metal ger ville jag använda i min utställning. Det utmärkande inom Black Metal är upphöjandet av ondska och smärttålighet. Specifikt handlar det om att inte bejaka det som är natur (det goda). Bejakar man det som inte är natur, då bejakar man det som inte är gott. Det visar de tydligt med sitt långa hår och sin svarta klädsel, med nitar, läder, pentagram och upp-och-ner-vända kors. I det finns också ett framhävande av manlig aggressivitet som jag till viss del vill bejaka, men i och med att jag försöker göra något som jag tycker är fint och arbetar med händerna i ett mjukt och organiskt material som lera för jag samtidigt in en beröring. Det innebär en ganska stark paradox i förhållande till Black Metal som genre och livsstil. På ett sätt kanske jag då förlöjligar allt vad de står för, men samtidigt är det just vad de står för som jag jobbar med. För mig är den spänningen olöslig och något som jag tror syns i mitt arbete.

Ser du någon visuell likhet mellan dina keramiska arbeten och den visuella bildvärld som Black Metal genren använder sig av?

Jag tycker det finns en visuell likhet mellan min keramik och Black Metal, absolut. Även om lera och keramik inte är det första man tänker på när man hör Black Metal, eller ser den. Så upplever jag min noggrannhet för detaljer och den gotiska, uråldriga, nästan grekiskt vita "marmor"-liknande skulpturer som bra referens. Jämförelse har vissa Black Metal bands fascination till nordiska mytologin med runskrift osv. Även den kunskap om leran som krävs för att min utställning skulle vara möjlig. Den är jämbördig med detaljerna kring musiken och hela genren. En ovan lyssnare skulle kunna påstå att det snabba "oljudet" och "djuret" eller människan bakom rösten, bara är skräp. Men här upplever jag en extrem skicklighet instrumentalt, men också extremt detaljrikt och bra stämningssättare.

Jag har gjort mitt yttersta för att efterlikna och visualisera genren. Där jag försökt ta hänsyn till allt ifrån den dekadenta livsstilen till skivomslagen till myten om Black Metal som den djävulskt dyrkande genren, där mord och kyrkobränder sker i Satans namn. I en ständigt föränderlig värld, där man vänder kappan efter vinden titt som tätt, där ord inte behöver vara mer än tomt prat eller status, som att bo i en stad som Stockholm. Då känns det fruktansvärt skönt att visa upp Black Metal, en hel genre som är på riktigt, det är inte bara tomt prat och rykten, denna genre finns och agerar på riktigt, för sin tro. Här finns något på riktigt, verkliga människor som älskar något. Och det är något jag aktar högt, därför har jag med största respekt för alla fans och band velat göra min tolkning av Black Metal på mitt sätt.

Med en Panzerfaust rakt in i konsten

Ibland möter man kulturuttryck som går rakt in i själen och som följer med en genom hela livet. Det norska Black Metal bandets Darkthrones skiva *Panzerfaust* från 1996 har till exempel haft en stor betydelse för konstnären Viktor Rosdahl på ett personligt plan men också som inspiration i hans konstnärskap. *Panzerfaust* är tyska och betyder pansarnäve och var namnet på ett pansarskott som tyskarna uppfann under andra världskriget. Det finns ganska mycket förutfattade meningar om Black Metal, bland annat att många av grupperna är högerextrema och har nazistsympatier. Det var en kritik som drabbade utställningen *Om ljuset tar oss* på Gävle Konstcentrum där Viktor Rosdahl medverkade i somras. Det finns naturligtvis undantag och avarter inom en så stor musikgenre som Black Metal är, men många av Black Metal grupperna är opolitiska och är snarare ute efter att provocera och chockera ett samhälle som man tar avstånd ifrån. När det gäller Darkthrone så står det till och med på konvolutet till *Panzerfaust* att bandet verkligen inte är något nazistband eller ens ett politiskt band. Istället är Black Metal en av många subkulturer som gör uppror mot det etablerade samhället. På 70-talet var det den brittiska punken som uppfattades som väldigt aggressiv, provocerande, individualistisk och rent sagt anarkistisk för deras angrepp på det etablerade samhället och under 90-talet blev Black Metal ett sätt för unga människor att uttrycka sin ilska och frustation över samhället.

I den här intervjun berättar Viktor Rosdahl mer om sin relation till Black Metal och hur han hittar inspiration till sin konst.

Jag började lyssna på musiken gradvis under det tidiga nittiotalet. Jag och mina storebröder, Ola och Anders, hade lyssnat på hårdrock sedan barnsben (köpte min första skiva 1986 med Twisted Sister) och har följt genrens utveckling via trash och senare skivbolagets Earache utgivning. Även Death Metal scenen med band som Morbid Angel, Slayer, Cathedral, Entombed, Dismember och senare In Flames två första skivor. Ja, därifrån var steget inte långt till Dark Throne, Emperor, Dissection och även sidospår som Isengard, Mortiis och parallellt med detta beställde vi en hel del skivor från Cold Meat Industry och upptäckte hela dark industrial ambient genren och vidare till band inom genren Neofolk, typ The Moon Lay Hidden Beneath a Cloud. Jag och min ena bror hade ett eget Black Metal band, Riothamus tillsammans med ett gäng andra från Helsingborg, och vi var mycket inspirerade av Ved Buens Ende, och deras expressionistiska och psykedeliska sidor.

Har du något speciellt band eller skiva som har betytt mer för dig?

Jag skulle säga att vissa av de här banden, skivorna och framförallt Dark Thrones skiva *Panzerfaust* har följt mig genom livet. Ljudet, det medvetet burkiga och kassetbandslika, sången, som ibland tycks ligga bortom i fjärran och musiken som ibland går "rakt in i magen" som det brukar heta. På plattan *Panzerfaust* är de viktigaste spåren för mig "Hans siste vinter", "En vind av sorg" och "The Hordes of Nebulah" där Varg Vikenes gjorde ett inhopp.

Hur har Black Metal musiken inspirerat dig som konstnär?

Hela denna genre var, och är väldigt stor för mig. Det att det påverkat mig mycket i mitt liv och jag har funnit mycket glädje i musiken och anti-partierna. Den vaga känslan av motstånd mot samhället som lever i texterna och hela uttrycket. Flera av mina konstverk har jag gjorts med direkta anspelningar och citat från Black Metal scenen utan att det uppmärksammats nämnvärt förrän Carl Bergström från Gävle konstcentrum mailade mig för cirka ett och ett halvt år sedan och ville samarbeta kring utställningen *Om ljuset tar oss*.

Kan du berätta om något av dina konstverk som har inspirerats av Black Metal?

Det viktigaste för mig var nog ett verk jag gjorde på en läderrock, med ett motiv som kunde vara hämtat ur mitt eget liv (två ynglingar som slåss mot varandra med en yxa, i detta fall en scen där jag utgick och förändrade ett motiv ur Jan Troells filmatisering av Utvandrarna). Läderrocken med sina katedralliknande valv är sedan hängd från en metallställning, liknande den som man tecknar i ritleken "hänga gubbe". Det handlade för mig om det som kan hända när man utsätts för våld och hur detta kan fortplanta sig nedåt i relationerna människor emellan och hur det är att leva som "dömd" i vårt samhälle där våld är tabu och hur det är att leva med ett starkt hat, samplat genom motivvärldar som Black Metal och proletär litteratur.

Det finns ju en hel del förutfattade meningar om Black Metal. Det framkom bland annat i en del av debatten kring utställningen *Om ljuset tar oss* på Gävle Konstcentrum där du var med. Hur ser du på det?

Visst kan jag förstå att det upplevs som problematiskt att lyssna på musik av människor med suspekta och i vissa fall direkt idiotiska analyser och resonemang. Jag tror inte det går att förklara bort det med något "men". Det är kanske bara så att dessa känslor av hat och misantropi alltid finns hos vissa individer, oavsett samhälle, och inte alltid går att rensa bort. Idén om den rena, moraliskt, humanistiskt uppbyggande konsten och det kulturella uttrycket, är ju i sig själv direkt motbjudande i sin uppfostrande anda. Värt att nämna är också att det inte alltid är så enkelt och svartvitt som det beskrivs ibland av oinsatta med särintressen av att använda en subkultur för att driva igenom det ena eller andra resonemanget.

www.ingramcontent.com/pod-product-compliance
Lightning Source LLC
Chambersburg PA
CBHW020450220526
45464CB00002B/932